秋葉忠利

Akiba Tadatoshi

数学書として憲法を読む

前広島市長の憲法・天皇論

法政大学出版局

数学書として憲法を読む

前広島市長の憲法・天皇論／目次

《表記について》

最初にお断りしておきたいのは、「天皇」という表記と敬語についてです。以下、憲法について論じますので、マスコミ等でよく使われる「天皇陛下」ではなく、憲法で使われている「天皇」と表記します。「総理大臣」等についても憲法の用語に従います。また、憲法の規定では敬語は使われていませんので、基本的には敬語も省略します。憲法に言及のない固有名詞等は常識に従います。

また、本書中、特に八章ならびに九章と十章では、憲法上の地位ではなく、実在の人物としての天皇・皇后・皇太子・秋篠宮個人に言及しています。混乱を避けるため「先の天皇」「先の皇后」「新天皇」などと表記します。

《条文の引用について》

憲法の条文は『日本国憲法』(憲法会議編、本の泉社刊、一九九九年)から引用し、また国立国会図書館の「憲法条文・重要文書」も参照しました(https://www.ndl.go.jp/constitution/etc/j01.html)。

はしがき

この本では、「数学書として憲法を読む」という試みの結果を報告します。突拍子もない表現に思われるかもしれませんが、なぜ「数学書として読む」ことに意味があると思ったのか、それが「広島市長」とどう関わっているのかについては、「前口上――なぜ前広島市長が憲法を語るのか」で説明しましたので、そちらをお読みいただけると幸いです。

「数学書として読む」とは、基本的には憲法の明文規定を「公理」と見立てて、素直にそのまま読むことですが、論理的であることはもちろん、「自己完結的」に、つまり憲法以外の原理・原則は前提とせずに憲法を読むことと、説明しておきましょう。詳しいルールについては、第一章をお読みください。

その結果、私にとっては驚くべき「発見」がいくつもありました。「公理」をもとに「証明」できた、いくつかの「定理」もありました。たとえば、

［定理A］憲法は死刑を禁止している。

［定理B］96条という憲法改正の規定はあるが、9条や11条等、改正してはいけない条項がある。

［定理C］内閣が憲法を遵守していてもいなくても、天皇は憲法を遵守する義務を負う。

［定理D］基本的人権を制限する上での基準だと考えられる「公共の福祉」とは、憲法の総体を意味する。

これらを「定理」と呼んでいるのは、それぞれに論理的な手続きに従った「証明」が付いているからです。その他の定理もありますが、手っ取り早く本書のエッセンスを理解していただくためには、まず第五章「憲法は死刑を禁止している」の最初の部分をお読みください。「数学書」としてというより、普通の文章による簡潔な「証明」があります。

各定理について一言ずつコメントしておきましょう。まず［定理A］です。皆さんもご存じの通り、わが国では死刑は合憲だと解釈されています。それは昭和二十三年●[1]の最高裁判所の判決があるからなのですが、「数学書として読む」立場からはそれと正反対の結論が導かれます。詳細は第五章で扱います。現実の社会は数学だけでは割り切れませんので、本書の結論がすべてでないことは当然なのですが、でも論理も大切です。法律という枠組みのなかでの解釈との違いをどう捉えるべきなのか、政治的な判断はどうなるのか、あるいは憲法についての最終責任を持つ主権者としてどう対応すべきなのか等を考える縁になれば幸いです。

［定理B］については、憲法には改憲禁止の条項があるとは明示されていませんが、論理的にそのような結論になる条文はかなりの数にのぼります。主なものを挙げると、第1条、9条、11条、12条、13

条、36条、97条、99条の八か条あたりなのですが、これらが「改正不可条項」であることを第二章で「証明」します。その系として、改正不可能な条文——基本的人権に関するものがほとんどですが——もありますので、改正の対象にはならない条文は、三〇か条を超えています。

［定理C］ですが、通説・定説では、99条の「憲法遵守義務」は義務ではなく、「道徳的要請」あるいは「宣明」だということになっています。しかし、「数学書として読む」立場では、「義務」は義務と読まなくてはなりません。特に天皇の遵守義務の重さが際立っています。この定理とそれに関連する事柄は、第Ⅳ部の第八章、九章、十章で論じます。

［定理D］については、短く説明するのが難しいので、前口上ならびに第三章と第四章をお読みください。

本書を読む順序ですが、論理的には最初から順番に読んでいただくことを想定しています。しかしながら、難しいかもしれないという危惧をお持ちの方は第五章から始めてみてください。その他、興味のある章から始めてくださっても本筋はご理解いただけるでしょう。

本書の構成ですが、本論に入る前に「前口上」と「序章」を置きました。前口上ではなぜ広島市長を

●1　本書では基本的に西暦を使いますが、最高裁判所も含めて官庁の公用文書には元号が使われています。特に死刑についての最高裁判所の判決における「昭和二十三年」は固有名詞的な役割さえ果たしていますので、西暦に変換せずそのまま使うことにします。また、第十章と「付論4」では、三〇年前と今年の朝見の儀の比較をしますが、分かりやすさを優先して平成と令和によって区別をします。

務めた私が憲法を「数学書」として読みたいと考えたのかを簡単に説明しています。そして序章では、一九八九年三月、『三省堂ぶっくれっと』に掲載したエッセイを再録しました。本書をまとめるに至った出発点である、昭和天皇の崩御がテーマです。

本論は四部構成です。

第Ⅰ部では、「数学書として読む」上でのルールを説明します。その結果として、憲法の条文から素直に導かれる「定理」のなかで、憲法改正の手続き規定である96条の対象にはならない「改正不可条項」があることを示します。それは、憲法に「自己保存力」が備わっていることだと言ってもいいでしょう。

第Ⅱ部では、憲法の内包する基本的矛盾とも捉えられる、「基本的人権」と「公共の福祉」との関係を憲法の条文をもとに解き明かす試みをします。この「矛盾」が死刑制度を考える上での鍵にもなっていますので、第五章で死刑制度を取り上げるためにも重要です。そして、その五章では、基本的人権の柱になっている12条と13条、そして生活権を保障している25条が、それぞれ独立して死刑を禁止していることを証明します。それに続いて、「残虐な刑罰」を「絶対に」禁止している36条を取り上げ、最高裁判所が昭和二十三年に下した判断について、「数学書」として読む立場から考えてみます。

第Ⅲ部では、99条の憲法遵守義務を素直に「義務」であると読むことに軸足を置きます。99条を憲法の最重要条文の一つとして「復権」させることが目的の一つです。さらに、99条と同様に、明示的に使われている「義務」が義務だとは解釈されていない27条の「勤労の義務」を、そのまま義務として読みます。それは自然に、99条の「義務」の読み方につながります。

そして、第Ⅳ部では、99条の冒頭に掲げられている「天皇」の「義務」との関連で、天皇について憲法がどう論じているのかを、憲法の第一章と国事行為についての規定を合わせて論じることで、より明らかにしたいと思います。それだけにとどまらず、1条と99条が天皇の存在意義を明確に描いていることも示します。

その結果、国事行為以外には国の政治に関われない天皇が憲法を読む姿勢と、本書との間には類似点があるのではないかと、僭越ながら考えてもいいように感じています。天皇が憲法によって明示的に与えられている唯一の義務は、憲法遵守です。その義務を果たそうとして憲法を読む場合、本書で「数学書として」読むとうたった読み方に近い読み方になるのではないか、と考えられるからです。憲法解釈についての諸説がある場合、そのどれかを採用することは、政治的な立場の表明になりかねませんし、憲法以外の文献に依拠することも、同様の結果を招きかねないからです。

すなわち、憲法に規定されている天皇の立場に立つと、あるがままの憲法を自らの人間性と知性を信じて、憲法外の文献に依拠するのではなく、純粋かつ論理的に読む以外の選択肢はないのではないか、と思えるのです。そして、新天皇にも是非このような読み方をしていただきたいという希望を持つことにもなりました。

本論に続いての四つのエッセイは、「付論」という位置づけです。本論と関連してはいても、本論中の流れを尊重して別扱いしたほうが読みやすいのではないかと思われる事柄をまとめたものです。「付論1」では、本書で取り上げた憲法の条文についての通説・定説との比較を、大雑把ではありますが試みました。そして「付論2」では、安倍政権にも顕現している権力の驕《おご》りや官僚制度の弊害について、本書におけるいくつかの結論との関連を示しておきました。こうした驕りがもとになって、憲法の遵守義務が義務とは読まれていないという結果を招いたのか、憲法の遵守義務でさえ義務ではないという解釈が原因で権力の驕りが生じているのか、因果関係にまで立ち入る材料は持ち合わせていませんが、権力を手にしている人々の知的責任について再認識する上で少しでもお役に立てればという気持ちです。「付論3」では、13条中の例外規定がどのような位置づけになっているのかについて、日本語の正文と英語訳との間に齟齬《そご》があることを指摘しています。それが、昭和二十三年の最高裁判決にも影響を与えたのではないかという問題提起にもなっています。「付論4」では、平成と令和という二回の代替わりにおける「朝見《ちょうけん》の儀」を比較します。その結果、安倍内閣には憲法を遵守しようとする意志が欠落していることを確認します。

本書で取り上げた多くのテーマは、『数学教室』(数学教育協議会編集、国土社、その後あけび書房が発行)に「The Better Angels」として連載させていただいた小論をもとにしています。憲法についてはまったくの素人である私が、試行錯誤しながらそれでも憲法の全体像を把握したい思いで挑戦したのですが、迷路に入ってしまって混乱を招いたこともあり、『数学教室』の読者の皆さんにはご迷惑をおかけしました。本書では、そうした混乱は一応整理できたつもりです。

最後に本書を、「永遠」という言葉で未来への希望を表現している日本国憲法に捧げたいのですが、それは、憲法そのものが依拠している「主権者」への献呈でもあります。

なぜ前広島市長が憲法を語るのか

前口上

この本を書くきっかけになったのは、約三〇年前、タフツ大学数学科の同僚I教授から投げかけられた疑問でした。それは「天皇にはそもそも日本国民としての人権が保障されているのか？」でした。皇室典範を見ると、「人権」という視点からはかなり制限されているのですが、その時点での私の天皇観はあくまでも天皇制という制度的な枠組みと一体のものでしかありませんでした。ですから、天皇という一人の人間を憲法がどう捉えているのか、つまり憲法が天皇の人権をどう捉えているのかについて、あらためて考えることになりました。

天皇の人権という視点は、昭和天皇の崩御、それに続く先の天皇の即位という大きな出来事をどう理解すべきかについて思いを巡らせる上で、とても役立ちました。その結論の一つが天皇の生前退位なのですが、小著『夜明けを待つ政治の季節に』（三省堂刊、一九九三年）中の一章をこのテーマに割きましたので、本書では「序章」として、その部分を再掲します。

もちろん、著者たちの世代の誰しもが、憲法そのものについては強い関心を持っていました。それも当然で、私たちの世代は、憲法とともに育ってきたからです。さらに私の場合は、高校時代アメリカに留学した際、卒業するにはアメリカ合州国憲法とイリノイ州憲法の試験をパスしなくてはならず、日米の憲法や社会・政治を比べながら考える複眼的な思考もあわせ持つことになったからです。

特に9条は大切でした。それは、これまでの人生で私が数学以上に関心を持ち続けたのが、広島・長崎の被爆体験と被爆者のメッセージだったからです。こちらについては、岩波現代文庫になった『新版報復ではなく和解を』で詳しく説明しましたが、被爆体験後にできた憲法と、それ以前に存在していた国連憲章を対比しながら、9条に描かれている戦争の否定こそ被爆体験の具体的な意味なのだと感覚的に理解していたからです。

その後、政治の世界にも足を踏み入れ、憲法との関わり方も変わってきましたが、最近になって憲法を「数学書として」読みたいと考えるようになりました。もちろん、現在の政治状況を憂いているからなのですが、そもそも私が数学科に進み、少しは数学を専門的に勉強してきたことが大きく関係しています。

勉強の一環として多くの数学書を読みましたが、公理を出発点にして論理的な推論を重ね、美しいあるいは便利な定理を導くというプロセスに魅せられることになりました。その経験がもとになって、数学以外の世界を考えるのにも、数学という学問の構造を一種の「座標軸」として使う習慣が身に付いたような気がしています。

ときには、杓子定規にしか考えられないという陥穽《かんせい》に陥ることもありました。同時にとんでもないところで新たな「発見」をするという僥倖《ぎょうこう》にも恵まれました。そして、こんな具合に、数学を一つのモデルとして、常識とは少し違った視点から物事を考えてみる「思考実験」の楽しさも何度となく経験してきました。その楽しさを、できれば多くの皆さんにも味わっていただきたい気持ちです。

「数学」を座標軸として持つ人間が、強い関心を抱き続けた「憲法」という書物をあたかも数学書であるがごとく読んでみたいと考えたのはかなり自然なことだったのですが、もう一つ、「数学書として読む」という試みをしたいと思ったのは、私がこれまでに見聞きし、参加してきた憲法についての議論が、多くの場合、憲法の実質的内容、つまり前文や条文等が述べている内容の外側で行われていたことにも関係があります。

たとえば、現行憲法は「押し付け憲法」だから、「自主憲法」に変えなくてはならないという主張があります。「押し付け」かどうかのやりとりを別の言葉で表現すると、憲法の成立史や広い意味での「立法趣旨」をどう捉えるかの論争ということになります。

対して数学書を読む、つまり数学を勉強するとは、たとえば幾何学という学問のあるがままの姿を知ることです。その学問がどう成立したのかについても関心はありますが、そのこととは独立した形で内容を理解することなのです。『ユークリッド幾何学』という本を読んでその学問を理解するということは、その本がどのようにできたのかを学ぶのではなく、その本の中に描かれている幾何学そのものを理解することです。『ユークリッド幾何学』の中に書かれていることをそのまま、たとえば三角形の内角の和が180度であることを「あるがままに」読むことです。

それを憲法の世界に翻訳して考えると、憲法についての議論を深めるためにも、「あるがままに読む」という姿勢をこれまで以上に徹底してみることになります。そんな読み方にも意味があるのではないか、と思うようになりました。

憲法についての論争で、「護憲か」「改憲」かの対立の最大の論点は、もちろん第9条の戦争放棄と自衛権の関係です。現行憲法内には自衛権という言葉は明示的には使われていません。しかし、自衛隊が合憲だと主張している人たちの中には、たとえば、国連憲章が自衛権を認めているから日本国憲法もこれを認めなくてはならない、という論理で、自衛隊が合憲だという結論を導いている人もいます。

それにも一理はあるのですが、憲法を公理の集まった「数学書」として読む立場からは、憲法中に明示的には「公理」として現れない「自衛権」を引っ張り出してきて、それが公理より優先すると主張することなどありえません。たとえば、ユークリッド幾何学では、公理から始めてさまざまな定理を導くときに、他の書物から公理より優先される原則を持ち出してきて議論することはありません。これを「self-contained」、つまり、「自己完結性」と呼びたいと思います。

特に、「あるがままに」の必要性を強く感じたのは、私が読んだ六法全書や憲法の入門書では、「義務」という言葉が軽くあしらわれてしまっていることに気づいてからでした。なかでも気になったのが、憲法遵守義務をうたっている第99条については、「法的義務」ではなく、「道徳的要請」だとの解釈が定着していることでした。

数学書なら、たとえば、「Nは整数とする」と書いてあれば、いやそうではない、Nは無理数でもいいのだよ、と一蹴することなど許されません。法律の世界では、それに相当する「乱暴な」議論が罷《まか》り通っていていいのだろうか、という疑問にとりつかれました。

私の感じていたフラストレーションを表現するために、憲法内で明示的に使われている言葉――この場合は「義務」ですが――の本来の意味が否定され、しばしばそれとは対立する意味を持つと読むことが定説になっている（ように私は受け止めているのですが）憲法解釈を、揶揄《やゆ》の気持ちを込めて密かに「憲法マジック」と呼んでいました。そのフラストレーション解消のために、あえて、憲法を「数学書」として読んでみたらどうなるのかを試してみたいという気持ちが強くなったのです。

その思いは、さらに深化しました。憲法99条の「憲法の遵守義務」の最初が「天皇または摂政」で始まっている意味を考え出したからです。それは、二〇〇二年に筆者が広島で行った平和宣言の中に、99条を全文引用するために必要でした。アメリカの同時多発テロ後、日本社会が全員一致して共有しておくべきメッセージが、憲法99条だと考えたからです。

アメリカの軍事的報復に加担して、中東での戦争を煽っているかのような小泉政権の政策に反対する姿勢を示すことが大切だという思いは、多くの人が共有していました。しかし、広島市長の立場から、平和宣言のなかでこの点を取り上げるためには、明確で説得力のあることは当然なのですが、それを「非」政治的文書として表現する必要があったのです。

政治家でも代議士の場合は、その名の示すように支持者たちの代弁をすることが大切な仕事ですので、政治的な立場をはっきり打ち出しての発言が必要ですし重要です。しかし市長の場合は、全市民の代表です。自分に票を入れてくれた人だけでなく、反対意見を持っている人たちの声にも耳を傾けなくてはなりません。しかし、政治的な決定をしなくてはならない場合、相矛盾する二つの立場を同時に認めることは不可能です。特に平和宣言の場合には、現在の市民の声だけではなく、亡くなられた被爆者も含めて過去の声、それを踏まえた未来への展望も視野に入れなくてはならず、なお難しい作業になるのです。

しかしながら、いかに難しくても、平和宣言には「市民の総意」が反映されなくてはならないのです。このことを別の言葉で表現すると、憲法15条の「すべて公務員は、全体の奉仕者であつて、一部の奉仕者ではない」になります。平和宣言という広島市にとって大切な文書の起草にあたって、この義務を果たすことも重要でした。

そこで「99条」の登場なのですが、それには少なくとも三つの意味がありました。一つには、一地方自治体の首長という立場で、時の内閣に「憲法9条を守りなさい」と言うより、「憲法そのものの中に憲法遵守は内閣の義務だ」と書いてあるのだから、その義務を果たすのは当然でしょう、と主張するほうがより強い説得力を持つという点です。市長の意見より、憲法による義務づけのほうが強制力は強いからです。

二つ目には、こう表現することで、一政治家が平和宣言のなかで個人的な政治メッセージを発しているのではなく、憲法の規定としての内閣の憲法遵守義務がテーマであることが明瞭になり、その結果、この部分が特段、政治的な主張ではないことも伝わります。この点を補強しているのが、98条です。「この憲法は、国の最高法規であつて、その条規に反する法律、命令、詔勅及び国務に関するその他の行為の全部又は一部は、その効力を有しない」というものですが、これは国の法規等についての規定ではあっても、平和宣言も含めて、地方自治体の文書にも適用されて当然だと思います。つまり、憲法遵守義務を掲げることは98条の精神にも沿っていることになります。

そのこととほぼ同じ意味になりますが、憲法を引用することは自動的に「市民の総意」を反映し、「全体の奉仕者」という立場に立っていることになるからです。それは、第八章で説明するように、憲法そのものが「国民の総意」によって制定されているからです。

この視点からの一つの結論として、常に「市民の総意」を意識して政策に体現させたいと考えている市長のお手本になるものとして、常に「国民の総意」に応えるべく公務に携わっている天皇の姿が浮かび上がったのです。

憲法の最初の部分、第一章が「天皇」で始まり、また最終部分の「遵守義務」も「天皇」の存在で締め括られていることとあわせて考えることで、私の憲法そのものについての認識も天皇についての理解も、大きく変わりました。このような視点そして考え方は、広島市長として憲法を読む機会がなければ気がつかなかったことでした。その点についても、皆さんと共有・議論できればと願っています。

「数学書として読む」とは、基本的には憲法の明文規定以外の原理・原則は認めないで憲法を読むという比喩ですが、憲法はもちろん数学書ではありませんので、純粋に数学書としては読めません。しかし、数学書には暗黙の前提として採用されている原理原則がいくつかあります。憲法を読む上で、そのうちのいくつかを意図的に取り出して、「数学書として読む」上での「律（ルール）」として掲げることにしました。詳しくは、第一章をご覧ください。

こんな経緯で憲法を読み直すことになった結果として、私にとっては驚くべき「発見」がいくつかあったことは冒頭でも述べた通りです。それらの発見を皆さんと共有することが本書の目的です。いわば、さまざまな「憲法マジック」に対抗する「種明かし」作業にも相当するのかもしれません。論理的帰結としてはっきり明らかになったのは、たとえば憲法が死刑を禁止していること、また憲法9条をはじめ、重要な条文を改憲の対象にしてはいけないことでした。

その他にもいくつかの「発見」がありました。厳密には「証明」とは言えない場合もありますが、気持ちとしてはすべての場合に、憲法の条文という「公理」から出発して、論理的手続きを経ていくつかの「定理」を証明したことになる、とでも述べておきましょう。そう呼んでいいだけの実質が伴っていることを信じていますが、仮にそうでなくても私のたどり着いた結果をあえて公表したいと思っているのは、現在の憲法を取り巻く状況があまりにも危機的だからです。

とはいえ、ここに掲げた結論は、あくまでも個人的な見解です。「論理的」「客観的」という手続きを目指したつもりではありますが、万人に納得してもらえるものではないかもしれません。専門家の皆さん、そして憲法に関心のある多くの方々から、誤りの指摘や訂正、アドバイスやご指導、そして建設的なやりとりに発展するような反論をいただければ幸いです。

ところで、本書でお伝えしたいもう一つの点は、憲法を数学書として読むことの楽しさです。憲法をめぐる状況が大変厳しいときにこんな表現を使っていいのかどうか躊躇するのですが、その「楽しさ」は、憲法に大きな力のあることを再度認識できたからこそ生まれたのだと思いますし、その力は、憲法という存在こそ人類がこれまで蓄積してきた知恵を凝縮している物語であることに由来しています。その点も皆さんと共有できれば、著者としてこれ以上の喜びはありません。

憲法を素直にあるがままに読むということは、その言葉を「傾聴」する態度だと言ってもいいでしょう。つまり、憲法の持つ内なる声を謙虚に聞くことです。その結果として、憲法の持つ「自己保存力」や「自己実現力」といった力に気がつき、私たちがそれらの力を生かそうと努力する大切さも肝に銘じることになりました。

そして「傾聴」する際には、相手の声に的を絞って聞くことが基本です。「相手」、今の場合は憲法ですが、それ以外の声、たとえば定説となっている学問的解釈や、歴史的な背景等には関わらずに、純粋に論理をたどり、自分の頭で考えることに集中するのが本書の立場です。とはいえ、それだけでは不安を感じる方もいらっしゃるかもしれません。「付論1」でいくつかの条文についての通説・定説も紹介しておきました。本書の立場から見ると「メタ憲法」的な解釈が多いのですが、そのような読み方とは一線を画す意味もご理解いただきたいのです。

最後に、筆者が憲法を読む上で意図的に徹底した点を、簡潔にまとめておきます。①単語の意味を素直に解釈すること。たとえば、「義務」や「尊重」といった言葉、さらに「永遠」や「永久」といった「絶対性」を持つ単語についても、一つ一つの言葉の意味は素直に受け止め、文字通りに解釈すること。次に、②一つ一つの文章を読むにあたり、主語、述語、目的語などを確認・補足しながらしっかりと理解し、その意味を正確に読み取ること。③「必要条件」と「十分条件」との違いを論理的に峻別したり、全部否定と部分否定の差をきちんと使い分けたりという基本的なことから始めて、論理的な議論をすること。④例外規定のある場合、本則と例外規定との関係を論理的に整理した上でその意味を解釈すること、の四つです。これらの点の詳細については、第一章「数学書として憲法を読む」にまとめておきました。

序章　ケネディー大統領と昭和天皇

本書の出発点になったのは、かつての同僚からの質問でしたが、その答えを一九八九年に三省堂の広報誌『ぶっくれっと』に寄稿しました。後に、三省堂から出版された『夜明けを待つ政治の季節に』の第13章として再出版されたときのタイトルは、「「象徴」の意味――ケネディー大統領と昭和天皇」でした。「憲法を数学書として読む」試みをした結果、憲法の全体像のなかで、天皇の位置づけがより明確に浮き上がってきたのですが、逆に、「あるがまま」の憲法を理解する上でも、天皇に焦点を合わせることが一つの鍵になることに気づきました。三〇年ほど前に書いた小論ですので、若気の至りとしか言いようのない個所もありますが、どうかお付き合いください（漢字表記等には変更を加えました）。

昭和天皇の亡くなった日、私は、天皇対日本人、ケネディー大統領対アメリカ人という二つの関係を対比しながら、天皇の象徴性、天皇の死の意味を考えている自分を発見した。

《象徴としてのケネディー》

今でも、私と同世代のアメリカ人の多くにとって「あの時どこにいた」という問いはかなり限定された意味を持つ。「あの時」と聞いて、一九六三年十一月二十二日、ジョン・F・ケネディー大統領が凶弾に倒れた日を頭に浮かべる人が多いからである。

今でも「あの時」が、ケネディー大統領の亡くなった日を意味するのは、この二十五年間に何度も同じ会話が繰り返されてきたからでもある。六〇年代の後半から七〇年代前半にかけてベトナム戦争反対運動が盛んだった頃には、特に頻繁だった。

私たち（とあえて書かせていただきたい。市民権はないものの、私自身、アメリカの友人たちと共にボストンでベトナム戦争に反対していたのだから）にとって、ケネディー大統領の存在がそれほど大きかったということである。その意味をもう少し詳しく考えてみたい。

そもそも、ベトナム戦争を「始めた」のはケネディー大統領（以下JFKと略す）であり、私たちベトナム戦争に反対し、その中止を願っていた人間が、JFKを反対運動のシンボルとして持ち出すことは、論理的におかしいのである。にもかかわらず私たちは、JFKなら私たちの今の気持ちを分かってくれるはずだ、ベトナム和平への道を一緒に歩んでくれるはずだ、と信じていた。ベトナム戦争反対運動のリーダーの一人、ロバート・ケネディー上院議員と兄のジョン・ケネディーのイメージがだぶったこともその一因だが、JFKとアメリカ、そして世界、JFK

と私たち若者、ＪＦＫと未来、といったような組み合わせで、私たち世代の人間はＪＦＫに親近感を持ち、彼との一体感を持っていた。私たち若者はリーダーとしてのＪＦＫに夢を託し、彼は私たちに多くの期待を持っていた。

だからこそ、彼の死が自分の肉親の死のごとく、いや、まさに自分の死のように感じられたのである。それは同時に、ＪＦＫに託した私たちの夢が残っている限り、私たちが生き続ける限り彼が生きている、と信ずることでもあった。

「あの日君はどこに居たんだ」と問うことで私たちは「今でも」まだ夢を捨てていない自分と話し相手をお互いに確認しあい、「あの日」以後たどった道を振り返る。年を取ったなとも感じ、人の世の移り変わりの激しさにも改めて感慨を催す。この尺度で月日を測れば「ケネディー二十五年」とか「ＪＦＫ二十五年」ということになる。

すでにお分かりいただけたはずだが、私にとっては、ＪＦＫの方が昭和天皇より、はるかに近い存在であり、誇りをもって私たち世代の象徴だと言い切れる人物なのである。それをもとにして考えると、戦争で惨々苦労しながらも年配の日本人が持ち続けている昭和天皇への「敬慕」の念も分かるような気がする。私たちがケネディーのベトナム戦争における責任については寛容になるように、天皇の戦争責任については寛容になり、終戦における役割を高く評価する人がいても、その心情は分かるような気がする。ただし、政治的、歴史的、道義的等々の責任は、それとは別である。ＪＦＫのベトナム戦争に関しての責任の有無は、彼に対する好悪の感情を抜きにして事実をもとに議論されるべきである。天皇の戦争責任についても同じことが言える。

だが、JFKの死と、天皇の死には大きな違いがあったような気がする。いや、死そのものというより、各々の場合に死を私たちがどう受け止めたのか、その姿勢の違いである。JFKと天皇の死亡時の年齢の違いや、死因ももちろん関係してくるのだが、死を契機として露わになった、死者と生存者との関係、それらがたくさん集まることで出来上がっている社会のあり方の違いである。

《人間の絆》

JFKの死後（そして五年後にロバート・ケネディーとマーティン・ルーサー・キングが殺された後はなお深く）、アメリカの若い世代は、Soul Searching を行った。つまり、字義通り、自分の魂がどこにあるのか、自分の存在の本質は何なのか、自分が一番大切だと思っていることはどんなことなのか、真摯に内省したのである。この場合の「自分」は、文字通り個人としての自分でもあり、自分を含むアメリカ社会、あるいは、より広い世界である。

それは、JFKとアメリカの若者たちの間には、本質的なつながりがあったからだ。自分の周りの世界で、また自分の持つ世界観の中の、一番大切な部分を、自分の外の人間として具現化していたのがJFKだったからである（そしてRFK、キング師だった）。

対して、昭和天皇と日本の若者の間にはそのような人間的絆がなかったのではあるまいか。若者だけでなく、年配の人との間の結びつきの本質的な部分にも、人間同士の深い共感はなかったように、私には見える。

だがそれは当然である。いくら人間宣言をしたとはいえ、昭和天皇が庶民の言葉で自分の心情を吐露したことなどなかったのではないか。差別されている人間の側に立ち、"We shall overcome"と叫び行動したこともなかったのではないか。青年は未来に希望を持つべきだし、そのために努力するべきだと訴えたこともない。すなわち、自分の言葉で、一体自分がどんな人間であるのかを表現したことがなかったと言えるのではあるまいか。

《天皇の人権》

これは、ことによると、天皇個人の人柄や責任に帰されるべきことなのかもしれないが、より大きな原因は、制度・慣行にあると考えた方がよさそうだ。その中で最も重要なのは憲法である。私が言いたいのは、憲法が、天皇を人格のある人間、そして日本国民だとは明記していない点である。人間でなければ人間の言葉で他の人間と語り合うこともないだろう。その上、天皇個人の基本的人権が侵されても救済手段がないことになる。

天皇の人権についての疑問は、私が十五年在職したタフツ大学の同僚I氏がかつて投げかけたものである。彼の疑問に答えるために、六法全書を繙《ひもと》いてみたのだが、憲法、皇室典範、国籍法のどこにも、天皇が日本国民なのかどうかは明記されていなかった（いやそれどころではない。

昭和二十二年五月三日に施行された憲法にも皇室典範にも天皇の定義がない。ということは……と論を展開する必要もあるのだが、そのためには本項で提起したい問題とはかけ離れた議論をしなくてはならない。混乱を避けるため、「日本国民としての天皇」のレベルで話を続けたい）。

Ｉ氏は、人間としての権利を保障されていない人に、責任（彼は戦争責任を考えていた）だけを問うのはフェアでない点を指摘したのだが、広島修道大学の学生たちの意見の中には、責任を取れるかどうかの能力を問題にしたものがあった。仮にアンフェアであっても、天皇は責任を取りたかったのかもしれない。そうだとしても、天皇の権限や権利があまりにも厳しく制限されていて、自主的に責任を取ることなど不可能だったのではないか、今でも不可能なのではないか、というものである。

実際、憲法や皇室典範の規定によると、天皇および皇族の権利は著しく制限されている。人間として当然享受すべき権利という観点からだけでなく、国民の統合の象徴として国民との間の人間的絆、信頼関係を作り出すことが可能かどうか、という視点からも、いくつかの例を見てみよう。

まず、天皇は男でなくてはならない（皇室典範第1条）。皇族として生まれた女性にとっては明らかな差別である。また国民統合の象徴が女性であってはいけないとは、日本の全女性にとって大いなる侮辱ではないだろうか。神功皇后や持統天皇を持ち出すまでもないが、天皇には男性しかなれない法律は、性別にかかわらず法の下では平等であると明記した憲法14条違反ではないだろうか。

　次に、天皇及び皇族は、「養子をする」ことができない（皇室典範第9条）。血のつながりのない子供を自分の子供とし（生命を賭けて）育てられる人を、私は尊敬する。しかし、仮に天皇がそのような気持ちを持ったとしても、「養子をする」ことができないのである。皇族は、絶対にそんな気持ちは抱かない人々なのだろうか。幸いにも、この点についての救済策はある。皇籍を離脱すれば可能なのである。しかし、それも、自分の意思だけでは駄目なのだ。「皇室会議の議」が必要なのである（皇室典範11条）。天皇を一種の職業と考えれば、辞職することさえ自分で決められないのである。皇長子の場合、生まれた時から（15歳になって皇籍を離脱しない限り）職業が決まっていることにもなる。これは、憲法22条に反しているのではあるまいか。

《親としての天皇》

　天皇は、養親になれないどころか、自分の子供がいても、親としての楽しみを奪われている。子供が成長し、自分の能力に合った仕事を見つけ、一人の独立した人間として社会に有益な貢献をしている様子を見ることは、親としての喜びの最たるものではないだろうか。しかし、天皇はその喜びを与えられていない。それは、皇太子に職業選択の自由がないからでもあるが、慣行では、天皇が生存中に譲位することはないからだ。

　庶民でも、高齢になれば隠居して、仕事は若い人に譲るのが常識である。元気のあるうちは仕事に励んでも、例えば、70歳にでもなったら退位し、余世は自分の好きなこと（生物学の研究でも、社会福祉のためのボランティアでもいい）を自分のペースで楽しんでもいいのではないか。皇室典範でも、譲位を禁止してはいないのだから、ちょっと手直しをすれば天皇が堂々と退位できる制度に作り変えられるような気がする。

天皇の死に際しても、これが退位後の上皇（と仮に呼んでおこう）であれば今回のような混乱はなくて済んだのではあるまいか。それは、たとえ日頃から後継者の育成を心がけている人でも、具体的にバトンタッチをする人や時が決まってからでないと、何を伝えておくべきか身を入れて考えられない例が多くあるからだ。

このことは、より一般的に、だれが死ぬ際にも言えることではないだろうか。あと何ヶ月しか生きられないとしたら、身近の人たちに伝えたいこと、生きている間にしておきたいこと等を整理して、その間に何とか済ませたいと考える人は多いだろう。昭和天皇も、ガンだと知らされていれば、国民の多くに残しておきたい言葉があったのではないだろうか。

それが「済まなかった」であれば、多くの人々の心の傷が癒えたはずである。他の言葉だったとしても、これからの時代を迎えるにあたっての一つの方向が打ち出されたのではあるまいか。

天皇には、そして国民にも、天皇の病がガンであることを知らせるべきだった、と私は考えているのだが、その理由は、誰にもあてはまるものである。死に行く人を囲んで、嘘で塗り固めた「劇」を演じることで、私たちは、人間の一生の内、ことによると一番大切な期間を無駄にしている。自分にとって一番身近な人々が、自分にとって一番大切なことについては何も喋らずに数カ月過ごす――それが私たちの描く理想的な人間関係なのだろうか。そうではないはずだ。

それはまた、天皇と多くの国民との間についても言えることである。数カ月の間、嘘を心から信じて「平癒」を祈ってきた人々が多くいる。その人たちが真実を知らされていれば、別の祈りがあり、別のコミュニケーションが可能になったのではあるまいか。

だが、私がそれと同じくらい大切な問題だと思うのは、嘘をデッチ上げ、何も知らない庶民に伝え続けてきた人々が、そのことに何の責任も感じていないらしいことである。事実を、真実を伝えるのがマスコミの務めではなかったのだろうか。

ガンの告知はまだ社会的に受け入れられがたいことは認めてもよい。しかし、嘘八百の報道をすることとの間には一線が画されて当然だろう。もちろん、一線をどこに引けば良いのか、簡単に決められることではない。昭和天皇亡き今、衆知を集めて議論すべきことなのではあるまいか。

また昨年九月以来、私がここで触れた点も含めて、一体「象徴」とは何を意味するのかについて万人の納得できる解釈が存在しないことも明らかになった。それをよりはっきりさせてゆくのは国民である。そのための問題提起をし、論点を整理して、議論を沸き起こすのは「知識人」そしてマスコミの役割だろう。

《新天皇への期待》

私だけの思い込みでないことを祈るのだが、仮にマスコミが重い腰を上げなくても、事態が改善されそうな兆候がある（そうした芽が出たときに、それを摘んでしまうことだけは避けてもらいたい）。

二月二十四日、いくつかの弔辞の中で際立っていたのが、新天皇の言葉だった。竹下首相が「昭和天皇は、世界の平和と国民の幸福を心から願われ」と述べたのに対し、新天皇は「ひたすら国民の幸福と平和を祈念され」と表現した。新聞報道によると、原稿には「国民の幸福と世界の平和」と書かれていたのだが、二十四日、新天皇は「「世界の」」をはぶかれてお読みになった」のだそうである。

これを私は、新天皇の「知的誠実さ」の表現だと考えている。側近の準備した原稿をそのまま読まずに、歴史に忠実に、かつ自分の言葉に直して伝えたいと、新天皇は考えたのではあるまいか。もしそうなら新天皇には、これからも知的に誠実であってほしい。表現の自由をも含めて、日本国民の持つすべての権利を獲得するように努力を続けてほしい。

天皇が、権利についても義務についても、日本国民の一人となり、大多数の国民との間に、人間的なつながりができた時、はじめて彼（または彼女）は本当の意味で日本国民の象徴になるのではないだろうか。

（八九年三月）

第I部

数学書として憲法を読む

chapter 1

第一章　数学書として憲法を読む

▼字義通り、論理的に、自己完結的に

❖「数学書として読む」とは

憲法を基本に据えて、本当の意味での立憲政治を実現するための出発点として私が選んだのは、憲法全体をもう一度、数学書を読むように丁寧にそして論理的に読んで、その内容を理解することでした。その試みから得た教訓の一つは、99条の（復権の）重要性です。これが私にとってとても貴重な「発見」だったことから、多くの皆さんと共有したいと考えるようになりました。

でも憲法についてはあくまで素人である私が、憲法を数学的に読む努力をする意味はあるのでしょうか。あるのです。それだけではなく、本書では、素人が憲法について真剣に考えることの重要性を強調します。それは、主権者である私たちの圧倒的多数が憲法についての素人ばかりだからです。素人である私たち自身が、丁寧に憲法を読み論理的に考えることが、憲法12条の規定である「不断の努力」の出

発点です。

当然、専門家の助けも必要です。専門用語や概念を使わないと説明できない場合もあるとは思いますが、高度に技術的なレベルから、私たちのレベルにまで下りてきて議論に加わっていただけると、憲法についての理解は深まるような気がします。

ところで、憲法81条によれば、最高裁判所には違憲審査権があり、最高裁の判断が、憲法についての最終的かつ最高の結論ということになっています。同時に、その裁判官は国民審査によって仕事の可否を判断される立場にもあります。最高裁の特定の判断が合憲かどうかを個々の場合について直接審査をするわけではありませんが、その判断をする人間の適否の最終判断は主権者である国民が行うのですから、憲法という枠組みのなかでは、憲法についての「最終的判断」は、素人ではあっても、私たち国民の手にあると主張していいのではないでしょうか。

以下、素人である私がどのような姿勢で憲法を読み直したのかをおさらいしたいと思います。それは、「数学書の読み方」とはどのような読み方なのかを説明することに他なりません。数学書を読んだことのある方ならお分かりだと思いますが、数学書を読むといっても、一人一人違った読み方をしています。その平均的なレベルの読み方をリストにしたつもりですが、修正や追加は大歓迎です。そして、最終的には「私の読み方」としか言えないのかもしれませんが、そうであっても、それなりの価値があることを信じています。

「数学書の読み方」を分かりやすく説明するために九つの「律」を設けますが、その前に、憲法の内容そのものを対象にする場合と、憲法全体を外側から見てそれを対象とする場合とを論理的に区別しておきましょう。つまり、どこから憲法を見ているのかに従って、「憲法」と「メタ憲法」という二つの区別があり、その違いがどのようなものなのかという整理です。

まず、「メタ」とは何を意味するのか、一般的な定義としては、以下の通りです。ギリシア語由来の「メタ」（超、高次の）とは、ある対象を記述した文章があったときに、さらにそれを対象として記述する言葉のことをさし、たとえば「メタ言語」のように「メタ○○」あるいは「メタな○○」というふうに使います。

本書が目指しているのは、憲法をあたかも「数学書であるかのごとく」読むことで、憲法の内容についての理解を深めることですが、「メタ」解釈とは、憲法に盛り込まれている個々の中身ではなく、憲法そのものを対象として、「憲法はこうだ」「憲法はああだ」という解釈を意味します。「日本国憲法は世界に誇る平和憲法だ」という命題はその一つですし、「現在の憲法は押し付けられた憲法だ」もその一つです。

と、ここまでお読みになって、「はしがき」に記した本書執筆の動機の一つとの関連に気づかれた方がいるかもしれません。「数学書として読む」とは、「押し付け憲法」だとか、国連が自衛権を認めているから自衛隊は合憲だ、といった形の議論を避けて、憲法そのものを外界からの雑音なく読むことだったはずです。それがここでは、「メタ」解釈、つまり「憲法はこうだ」「憲法はああだ」という形の命題を俎上に載せようとしています。それでいいのでしょうか。これは自己矛盾ではないのでしょうか。

大きな違いは、ここで取り上げる種類の「メタ解釈」が、憲法そのものを読むことによって、つまり憲法が何を言っているのかを傾聴した結果生まれるものだ、という点です。言い換えると、ここで焦点を合わせたいのは、九つの律に従って憲法を読んだときに、憲法のなかで使われている用語、そしてその内容からの論理的な帰結として得られる憲法そのものの持つ特質です。

以下、九つの「律」と、それらの律から論理的に導かれる結果――それを「定理」と名付けましたが――を列挙します。念のため、「律」も含めて、これらすべては「メタ憲法」的存在です。

① **正文律**――対象とする日本国憲法の正文は日本語とする。

② **素読律**――書かれていることを字義通り素直に読む。これがすべての出発点である。どこで何が定義、あるいは規定されているのか、定義・規定の内容はもちろんだが、その順序に意味のある場合にはそれも尊重する。

③ **一意律**――一つの単語、フレーズは、憲法のなかでは同じ意味を持つと仮定する。

④ **公理律**――憲法を「公理」の集合として扱う。

⑤ **論理律**――憲法解釈は論理的に行う。法律やそれに準ずるものは、公理からの論理的帰結であると位置づけ、論理的に考えて憲法と整合性があるかどうかの判断をする。

⑥ **無矛盾律**――条文間には矛盾がないという前提で読み、解釈を行う。

⑦ **矛盾解消律**――とはいっても現実問題として、憲法内には文言上、一見、矛盾している記述が

存在する。条文間の矛盾や使われている概念間の矛盾について、できるだけ無理のない、しかも説得力のある、もちろん「論理的」で憲法の趣旨が生きるような解釈を探し、できれば「矛盾」を解消する。最低限、「矛盾度」が低くなるように読む。

⑧**自己完結律**――憲法は、基本的には自己完結的な文書であると仮定する。つまり、書かれていないことには依存しない。立法趣旨等も条文に掲げられていないものは無視する。さらに書かれていることにはすべて意味があると仮定する。

⑨**常識律**――定義されていない言葉や概念が使われている場合は、日本語の常識で解釈する。それもできるだけ自然な解釈による。

❖九大律の説明

これらの律が九つあることから、語呂のよさを考えて「九大律」と呼びます。憲法の外側に存在し、憲法を対象として読む行為を縛る、「メタ憲法」としての決まりです。憲法の条文が「公理」だとすると、「定理」とは、「律」に従って憲法を読むときに、憲法内の言葉の意味も加味して初めて得ることのできる規則です。「律」が純粋に外的な規則であることとは一味違っています。とはいえ、「律」と条文からの論理的帰結ですので、あえて「定理」と名付けます。これらをふまえて、あらためて各「律」についての説明に戻りましょう。

最初の①**正文律**では、当たり前のことなのですが、憲法の正文、あるいは原本は日本語であることを確認しました。この点については本章で後ほど触れますし、第三章でも取り上げます。

リストの②素読律で言いたいことは、単語の意味を素直にあるがままに、つまり字義通り解釈することです。たとえば「義務」という言葉の意味はその通りに素直に受け止める、というだけのことです。さらに、「絶対的」な意味を持つ言葉、たとえば「永久に」も文字通りに解釈することが必要です。詳しくは次章で論証しますが、「永久に」という限定が付いている部分を改正したり、あるいは解釈によって変えてはいけないのです。変えてしまったら、「永久に」に反するからです。

そして、③一意律で述べているのは、これもまたごく当然の読み方なのですが、たとえば第27条の「勤労の義務」と第30条の「納税の義務」、そして第99条の「憲法遵守義務」という規定のなかで、「義務」という言葉はすべて同じ意味でなくてはならない、ということです。

次いで、④の公理律はその通り、憲法の条文のほとんどが、数学書であれば「公理」としての役割を果たしていることの確認です。98条では、個々の法律等が憲法の条文よりも下位にあることをうたっています。このことは、憲法が公理の集合であり、法律等はそこから導かれる定理に相当するという関係性の補強になっています。念のため、98条の一項を引用しておきましょう。

第98条　この憲法は、国の最高法規であつて、その条規に反する法律、命令、詔勅及び国務に関するその他の行為の全部又は一部は、その効力を有しない。

次に、⑤**論理律**で強調しているのは論理性なのですが、憲法の条文のほとんどが公理ですので、そこから始めて、論理的な思考や推論の基本はしっかりと踏まえて議論をしなければなりません。なかでも、「必要条件」と「十分条件」との違いを論理的に峻別したり、全部否定と部分否定の差をきちんと使い分けたりという、論理の「基本」を疎《おろそ》かにしないよう意を払います。

その次の⑥**無矛盾律**は、公理の間に矛盾がないという「仮定」で論を進める、という前提を述べたものです。

しかし実際には、憲法の条文の間には相矛盾する主張をしているものがあります。その場合、⑦**矛盾解消律**を適用して、矛盾をできるだけ無理のない、そして憲法の趣旨が生きるような形で解釈して、矛盾を解消したいという目標を立てています。最低限、全体としては矛盾の程度が低くなるようにしたいという目標です。

この視点から、憲法中で特に注目すべきなのが、11条と13条の間の矛盾です。

第11条　国民は、すべての基本的人権の享有を妨げられない。この憲法が国民に保障する基本的人権は、侵すことのできない永久の権利として、現在及び将来の国民に与へられる。

第13条　すべて国民は、個人として尊重される。生命、自由及び幸福追求に対する国民の権利については、公共の福祉に反しない限り、立法その他の国政の上で、最大の尊重を必要とする。

つまり基本的人権は、11条では「永久」という「絶対的」な修飾語の付いている権利として規定されているにもかかわらず、13条では「公共の福祉に反しない限り」という制限が設けられています。[●2] 基本的人権と公共の福祉という憲法上の根幹に関わる考え方の間の衝突ですので、これは重大です。この矛盾を「基本矛盾」と呼びたいと思いますが、この矛盾の解消については第三章「「基本的人権」と「公共の福祉」の衝突」と第四章「「公共の福祉」は憲法の総体」で説明します。

もう一対の「矛盾」も重要です。96条と99条です。

第96条　この憲法の改正は、各議院の総議員の三分の二以上の賛成で、国会が、これを発議し、国民に提案してその承認を経なければならない。この承認には、特別の国民投票又は国会の定める選挙の際行はれる投票において、その過半数の賛成を必要とする。

第99条　天皇又は摂政及び国務大臣、国会議員、裁判官その他の公務員は、この憲法を尊重し擁護する義務を負ふ。

●2　この読み方については、六四頁の《abuse of language》をご覧ください。

憲法をそのまま遵守しなくてはならない一方、改正してもいいという相対立する立場を許容する条項です。この「矛盾」解決のための試みは、第二章をご覧ください。

これらの矛盾は、複数の条文が相互に関わっているものですが、第七章で扱う第27条は、矛盾が一つの条文に内在しているケースです。なお、第八章では、天皇の人権についても論じますが、ここにも大きな矛盾が存在します。ただし、この矛盾については本書の守備範囲を超えますので、機会を改めて論じたいと考えています。

普通の数学書と憲法が大きく違う点は、憲法は「定理」というよりは「公理」の集合だという点です。その結果、「証明」の部分が少ないということでしょう。「公理」の集まりだという前提で憲法を読む場合、特に大切なのが**自己完結律**における自己完結性です。つまり憲法に書かれていないことには依存せず、他の文献にも依存しないというルールです。

ここで念のために、憲法のどの条文が「公理」に該当するのかを確認しておきましょう。前文から95条までと97条が、公理に相当すると考えられます（100条から103条までは憲法施行時の混乱を防ぐための条項なので、省きます）。上諭、96条、98条、99条は憲法そのものを対象としている条項ですので、メタ公理と位置づけておきます。

次に、法律の世界で立法趣旨は大切です。しかし、数学書として読む立場からは、そこに書かれていることが「すべて」であるという前提を優先します。この視点からだと、押し付け憲法であるのかどうかとは関係のない議論を展開できます。これも一つの読み方でしょう。ただし、立法趣旨が明示的に条文に反映されている場合には、条文の意味として素直に読む必要があります。たとえば、11条と97条はほとんど同じ内容の条文ですが、同じことを二度も憲法の中で繰り返している意味の一つは当然、強調です。立法趣旨として強調したかったのかもしれませんが、それを忖度《そんたく》するのではなく、もっぱら文面から読み取ったのであれば問題はありません。その他の点についても、文面から読み取れることを素直に読む姿勢は、この原則に反しません。

❖過去の法律、過去の文書

また、⑤論理律についてもう一つ注意しておきたいのは、憲法以前に存在していた法律です。これについては憲法第98条の一項で十分なのかもしれません。念のため、98条の一項を再度掲げておきます。

> 第98条　この憲法は、国の最高法規であつて、その条規に反する法律、命令、詔勅及び国務に関するその他の行為の全部又は一部は、その効力を有しない。

お断りしておきたいのは、本書では新憲法の制定・施行以前に存在していた法律は、新憲法の施行時にいったん白紙状態に戻り、新憲法との整合性が確認された後で初めてその効力が復活する、というシナリオを採用しています。しかし、すべての法律等について、憲法制定後に憲法との整合性を意図的にチェックしたのかどうかについての確証が必ずしも存在しないようですので、この点は心配しています。

立法趣旨と重なる部分もありますが、論理的な目で再度、チェックしておく必要があるのではないでしょうか。

とはいえ、純粋の数学書と憲法に違いのあることも当然ですから、憲法外の文献を参考にして解釈をする場合もあるでしょう。その際、まずは大日本帝国憲法（「明治憲法」あるいは「旧憲法」と略すこともあります）が重要です。明治憲法の「改正」という手続きによって現在の憲法は成立したのですから、改正前との比較をしないと理解できない点もあるはずだからです。

現行の憲法が制定される過程で、日本語よりも英語のバージョンが先にあり、それを日本語に訳した上で一部手を加えたものが「日本国憲法」なのだから、もともとの英語版憲法の表現が「原本」なのだという考え方もあるようです。しかし本書では、①正文律によって、日本語で書かれた日本国憲法を対象にします。英語版はあくまでも英「訳」ですので、日本語と英語のバージョンの間に食い違いがある場合は、当然、日本語版が優先されます。これが、①正文律を掲げた目的です。

その他の文書では、人類史の中でも万人に認められている「世界人権宣言」とか「アメリカの独立宣言」等を参考にします。ただし、それらを憲法の条文以上に優先することはありません。

「国連憲章」も大切ではありますが、原爆投下の前に作られたものです。原爆投下後に作られた憲法と対比する考え方もあり、また大国の利害関係が強く反映されている面もありますので、国連憲章を優先して憲法を解釈するのではなく、憲法の枠組みの中に国連憲章を位置づける読み方をしたいと思います。それは、そもそも主権国家の集まりとして国連が存在し、各国の憲法を尊重した上で国連憲章があるという、国連本来の構造に従って読むことでもあります。

❖九大律から導かれる四つの定理

九大律の論理的な帰結として、はしがきで言及した［定理A］の死刑禁止や［定理B］の憲法改正不可条項の存在が、比較的簡単に証明できます。今後、憲法の条文を数学的に読む上で、これらの定理を念頭に置くことが役立つため、四つの定理をここにまとめて掲げておきます。これら四つの定理と九大律との関係を確認しておきたいからですし、「希釈禁止律」と「本則優先律」の重要性も強調しておきたいからです。

ここで、**自己保存メタ定理**、**希釈禁止メタ定理**、そして**本則尊重メタ定理**は、憲法の実質的な内容についての結論ではなく、あくまで憲法を読む上での外的な原理ですから、それを明確にするために「メタ」という言葉を付しています。

②素読律から導かれるメタ定理は二つあります。

自己保存メタ定理（「自己保存力」「自己保存原則」）

憲法を字義通り素直に読むと、憲法には「改正不可条項」の存在することが分かる。96条の改正手続きの対象にはならない条項である。そのため、憲法には「自己保存原則」が組み込まれていると言ってよい。また、憲法の条文を一つずつ検証してみると、96条を除いて憲法を否定したり破壊したりするような規定は組み込まれていない。

希釈禁止メタ定理（希釈禁止律）

「自己保存原則」の系として導かれる憲法の読み方である。憲法の解釈において、憲法の規定を薄めて解釈することは、憲法の存在そのものを損なったり破壊することにつながるので、これを禁止する。この場合を特に別建てにして、「希釈禁止律」と呼ぶ。

次に、②**素読律**に即して憲法の条文を読むことから比較的ストレートに「証明」される、メタ定理ではない「定理」として、はしがきで［定理A］として紹介した死刑の禁止が導き出されます（詳しくは第五章を参照）。

人命尊重原則（定理）

つまり、「多数決で人の命を奪ってはいけない」——その代表的ケースとしての、国家による死刑の禁止。

自己保存メタ定理では、憲法に自己保存をする機能のあることを述べていますが、それ以前の問題として、人間一人一人の自己保存原則があります。だからこそ、生命体に個体保存本能があるのと同様、憲法にも自らの存在を保存する機能が存在するという説明が理解しやすくなります。

人間の命はかけがえのないものであり、当然、自分という存在の保存を最優先することが自然です。そしてその原則は、他人が侵してはならないのです。一人の人間の命をもう一人の人間が奪ってはならないところから出発して、では、一〇人が束になって命を奪うことは許されるのでしょうか。答えは自明です。最終的には、仮に、あなたを除いた世界中のすべての人があなたの命を奪うと言っても、それは認められないという原則です。これは、人命を尊重する立場の究極的な原則であり、陪審制度の基礎にもこの考え方があると考えられます。

そしてもう一つ、⑤**論理律**から導かれるメタ定理があります。これも**論理律**の守備範囲だと思いますが、憲法は法律的なルールを述べている文書ですから、例外規定がかなり頻繁に使われています。「□□は、〇〇でない限り、××である」という形です。論理性を明確にするために、基本的にはこのような構文は「本則」つまり「□□は××である」が主文であり、それを限定している例外規定、つまり「〇〇でない限り」あるいは「ただし、〇〇である場合はその限りではない」は、それに従う位置づけであると解釈できます。

このことは、実は「解釈」以前の事柄で、文章を普通に読む際の常識だと思いますが、大切な点ですので、これも**本則尊重メタ定理**と名付けます。より具体的なケースとしては死刑制度を第五章で取り上げ、詳しく論じましょう。

本則尊重メタ定理（本則優先律）

憲法の条文には、論理的に分解すると、本則と例外規定から成り立っているものがある。その場合、仮に、例外規定の方を優先すべきかあるいは本則を優先すべきかという判断が求められたとしても、当然、本則である中心的主張が優先され、例外規定は従属的に解釈されるべきだという原則である。

chapter 2

第二章　自己保存則と憲法改正不可条項

▼「憲法改正」の対象外の条項は特に重んじましょう

❖自己保存則

前章で述べたように、憲法には「自己保存力」があります。本章では、そのなかでも重要な「憲法改正不可条項」に焦点を合わせますが、最初に、少し違った視点も交えて、「自己保存力」そして「自己保存原則」の意味を考えておきましょう。

まず、憲法には99条という遵守義務条項が盛り込まれています。これは、憲法が「自己保存」そして「自己実現」を目的としていることを示す一つの具体的事実だと考えられます。当たり前と言えば当たり前なのですが、たとえいろいろな規則を決めても、それと同等の強制力を持つ別の規則を加えて、「それらの規則に従うかどうかは読者の判断に任せます」と言ってしまったのでは、そもそも何のために最初の規則を決めたのか、わけが分からなくなります。そんな乱暴な規則があれば、それは「自己破壊」的だというべきでしょう。

そうではなくて、「ここで決めた規則はきちんと守ってください」というもう一つの規則――これも「メタ」規則です――があれば、その他の規則を守るべきだという方針がはっきりするため、「自己保存」的な目的を表現していることになります。また、「規則を守る」ということは、規則を主体として考えれば、「自己実現」ができたことになります。

また⑤**論理律**と⑦**矛盾解消律**が目指しているのは、条文相互間に矛盾のないようにすることと、憲法の条文から論理的に得られる帰結にも矛盾が生じないことですから、これも「自己保存」の範疇に入ります。なぜなら、矛盾が生じてしまえばどちらを優先すればいいのかが分からなくなり、それが憲法の持つ力を削いでしまう結果になるからです。同時にこれは、今後行われる推論にも適用される原則であって、「自己保存」を確実にするための予防的なルールでもあります。

「自己保存」のために論理と無矛盾が大切なのは、数学システムと比較することでお分かりいただけるでしょう。数学システムにおいては論理性と無矛盾性が、システム存在のための必須要件なのです。さらに、生命体が自己保存する際にも、たとえばエネルギーの収支等という面での合理性、つまり論理性と無矛盾性の支えがないとうまく行かないことは言うまでもないでしょう。

しかし、以上述べてきた点だけでは憲法の自己保存則としてはまだ不十分です。それは96条という改憲手続き条項があるからです。改憲によって条文が変えられてしまえば、いくら元の条文が貴重であっても、それは「破壊」されてしまうことになります。そこで、96条の対象にはならない条項のあることが、憲法の自己保存のためには重要になります。以下、第1条、9条、11条、12条、13条、36条、97条、99条が、「改正不可条項」であることを「証明」しましょう。

❖絶対的な表現

憲法の条文中、その内容を変えるべきではないと考えられるものは多くあるのですが、「改正不可」という言葉が明示的に使われている条文はありません。しかし、「改正不可」とまでは明言していなくても、「自己保存的」だと考えられる条文に、まず注目します。

「自己保存的」表現か否かを判断する上で、最初に頭に浮ぶのが、憲法内に使われている「絶対的な限定」と考えられる言葉です。「永遠に」、「国民の総意」、「永久に」、「不断の」「常に」、「総意」、「全体」等です。これらの言葉が使われている条文を列挙してみましょう（傍線は著者による）。

前文　われらは、平和を維持し、専制と隷従、圧迫と偏狭を地上から永遠に除去しようと努めてゐる国際社会において、名誉ある地位を占めたいと思ふ。

第1条　天皇は、日本国の象徴であり日本国民統合の象徴であつて、この地位は、主権の存する日本国民の総意に基く。

第9条　日本国民は、正義と秩序を基調とする国際平和を誠実に希求し、国権の発動たる戦争と、武力による威嚇又は武力の行使は、国際紛争を解決する手段としては、永久にこれを放棄する。

2　前項の目的を達するため、陸海空軍その他の戦力は、これを保持しない。国の交戦権は、これを認めない。

第11条　国民は、すべての基本的人権の享有を妨げられない。この憲法が国民に保障する基本的人権は、侵すことのできない永久の権利として、現在及び将来の国民に与へられる。

第12条　この憲法が国民に保障する自由及び権利は、国民の不断の努力によつて、これを保持しなければならない。又、国民は、これを濫用してはならないのであつて、常に公共の福祉のためにこれを利用する責任を負ふ。

第13条　すべて国民は、個人として尊重される。生命、自由及び幸福追求に対する国民の権利については、公共の福祉に反しない限り、立法その他の国政の上で、最大の尊重を必要とする。

第36条　公務員による拷問及び残虐な刑罰は、絶対にこれを禁止する。

第82条　裁判の対審及び判決は、公開法廷でこれを行ふ。
2　裁判所が、裁判官の全員一致で、公の秩序又は善良の風俗を害する虞があると決した場合には、対審は、公開しないでこれを行ふことができる。但し、政治犯罪、出版に関する犯罪又はこの憲法第三章で保障する国民の権利が問題となつてゐる事件の対審は、常にこれを公開しなければならない。

第97条　この憲法が日本国民に保障する基本的人権は、人類の多年にわたる自由獲得の努力の成果であつて、これらの権利は、過去幾多の試錬に堪へ、現在及び将来の国民に対し、侵すことのできない永久の権利として信託されたものである。

その他に、権利や義務そして意志の主体として、「すべて」という言葉が使われている箇所が23あります。条文別では18の条文です。3条、11条、12条、13条、14条、15条、25条、26条、27条、37条、67条、74条、76条、79条、80条、87条、88条、90条です。15条には「全体の奉仕者」という形で、「全体」という言葉も使われています。さらに、「すべて」の人、と同じ意味を持つ「何人《なんぴと》」が使われている箇所は全部で14あります。16条、17条、18条、20条、22条、31条、32条、33条、34条、35条、38条、39条、40条、48条です。

❖「永久に」

まず時間的な極限を表す言葉、「永遠に」、「永久に」、「永久の」が使われている条文について考えてみましょう。より具体的には、誰でもよく知っている9条を取り上げます。条文趣旨を簡単に要約すると、「日本国民は戦争と武力による威嚇ならびに武力の行使は永久に放棄する」になりますが、もっと短くして「日本国民は永久に戦争を放棄する」という文章を考えましょう。「永久に」の意味とその言葉の持つ力を論理的に分析するためには、これで十分だからです。

この条文が「改正不可」であることの素朴な説明としては、次のようなものが考えられます。

9条には「永久に」という言葉がありますから、この憲法に従えば、日本は永久に戦争をしないことになります。9条を変えて、一九四六年以降の有限時間内のある時点で、「戦争をする」ことが可能になるようにするのは、「永久に」という言葉に反します。したがって、それは憲法違反です。9条を「改正」することはできないのです。

前文の「永遠に」は、世界の状況の説明であって、義務や権利の規定とは趣を異にしています。それを除けば、11条、97条にも同じ議論を適用できるので、これで9条、11条、97条は「改正不可条項」であることが「証明」できました。

ずいぶん大雑把な推論なのですが、「数学書として読む」決意のないままに漠然と考えていたときには、これで「改正不可条項」であることを確認したつもりになっていました。でも、皆さんはお気づきだと思いますが、こんなに単純化された推論に対して次のような反論が出された場合、どう答えたらいいのでしょうか。

永久に戦争を放棄するという方針が9条で定められていることは間違いないが、9条を変えて戦争のできる国にすると、どの時点で「憲法違反」になるのか。以下検証してみよう。

総理大臣や国会議員が9条を改正しようと考えたり提案したりする段階では、憲法違反にはならない。確かに、99条には憲法の遵守義務があり、その内容は憲法を尊重し擁護することであるから、その精神に沿っているとは言えないかもしれない。一方、21条では表現の自由が保障されているし、国会議員が国会でこの旨の発言をしても、国会の外で責任を問われないことが51条で決められている。

仮に96条に従って、9条を変える手続きを行い、9条を「戦争ができる」という内容に書き改めたとしても、改憲の手続きが終了して公布され施行されるまでは、「放棄する」ことに反してはいない。つまり、「違憲」については「未遂」の状態であり、実際に違憲になっているとは言えない。そして、改憲案が施行され効力を持つ直前までは元の9条が生きていて、効力を持つのと同時に改正前の条文の効力が失われるように効力喪失の規定を定めれば、新9条と矛盾することはない。そして新9条では、「戦争ができる」ことになったにしろ、元の9条はその時点では効力を持たないので、違憲にはならない。

説得力があるように見えますが、ここで注意が必要です。上記の反論で気づいていただきたいのは、ここで述べられている内容が改憲の手続きだという点です。反論中の後半二つの段落のどちらにも、キーワードである「永久に」という言葉は使われていません。ですから、仮にもともとの条文中の「永久に」を「しばらくは」とか「熱烈に」という表現に変えても、上記の「反論」はそのまま成り立つのです。それは「反論」が、9条は改憲の対象になるという仮定や前提のもとで、改憲手続きそのものは違憲ではないという手続き的な説明をしているにすぎないからなのです。しかし、私たちが問題にしているのは、そもそも「9条は改憲の対象になるのか」という点です。

❖ 改正不可テスト

この点、つまり「9条は96条で規定されている憲法改正手続きの対象になるか」は、まさに「メタ憲法」レベルの疑問です。この疑問に答えるためには、「メタレベル」の命題を立てた上で、それが正しいのかどうかを判断するというプロセスが順当です。そして、憲法が主題ですから、その判断をする上での材料は憲法内にあるはずです。

そのために、仮に96条を適用して改憲を行おうとする際に、96条の適用外になる条文があるかどうかというメタ憲法レベルの問いを立てておきましょう。可能性としては、次の二択になります。

［改正不可テスト］——条文○○が次のどちらの場合と両立するのかを検証する。

①条文○○は、96条の改正手続きの対象になる。
②条文○○は、96条の改正手続きの対象にはならない。

断るまでもないかもしれませんが、このテストは、①か②の正否が決まれば、もう一方の正否も決まりますので、テストは一度で済むことになります。

さて、この条文○○の部分に、9条を入れてみましょう。仮に①が正しいとすると、憲法9条は改正手続きの対象になります。となると、国会の発議を経て国民投票が行われ、過半数の賛成があれば9条は改正されるという道が開けます。その結果、「永久に」に注目して考えると、9条は永久ではなく、どこかの時点で戦争放棄を中止することになります。

つまり、①が適用されるという前提で9条を読むと、言葉としては「戦争は永久に放棄する」という趣旨であるにもかかわらず、実際は永久ではなく、どこか有限の範囲に収まる時点で放棄の中止が行われる可能性がある、という結論になります。9条の解釈として、これはありえません。

それは、「永久に放棄」とは、無条件で「永久に」という意味であるはずなのに、①の適用後の解釈は、条件付きの「永久に」になってしまうからなのです。このように条件が付けられたシナリオは、無条件の「永久に放棄する」シナリオと論理的に同等だとは言えません。したがって、①というメタ憲法の命題と、憲法9条とは両立しないことになります。憲法9条は、改正手続きを定めた96条の対象にはならないのです。

次に、9条が「改正不可」であることの「証明」を一般的なルールとしてまとめておきますが、上記のメタ憲法レベルの命題①・②のどちらかと、憲法の条文とが両立するかどうかの検証を行うこと、ならびにその「証明」ルールを合わせて「改正不可テスト」と呼ぶことにします。

(1) 条文○○中に、「絶対」的な限定Xがあり、それは時間的にはすべての未来を縛る力がある。
(2) 「改正不可テスト」の①を適用してみる。
(3) その結果、条文○○をXの部分否定として解釈せざるをえなくなる。
(4) この解釈は、Xを無条件で肯定するもともとの条文とは矛盾する。
(5) したがって、条文○○は、96条の改正手続きの対象にはならない。

もちろん、憲法の中には当然、「改正可能」な条文も含まれています。

以上を「メタ」という視点からまとめておくと、まず、9条で使われている「永久に」は、条文のなかで「放棄する」を修飾しています。それだけではなく、「メタ憲法」的にも、9条は96条に規定されている改正の対象にはならないという事実を、論理的に突きつけています。すなわち、9条を改正することは憲法違反なのです。

念のためにこのテストを、憲法9条から「永遠に」という言葉を削除した、「憲法9・1条」と仮に名付ける条文に適用してみましょう。

第9・1条　日本国民は、正義と秩序を基調とする国際平和を誠実に希求し、国権の発動たる戦争と、武力による威嚇又は武力の行使は、国際紛争を解決する手段としては、これを放棄する。

「放棄する」という動詞には、ただ単にその時点で放棄するという意味だけではなく、見捨てるとか顧みないという意味もあり、将来への含意もないわけではありませんが、ここでは将来への含意は無視します。テストの結果としては、「放棄する」という表現が、「戦争放棄を中止する」に取って替わられる可能性が出てきます。しかし、これは元の条文［憲法9・1条］とは矛盾しません。改正前の［9・1条］が有効なのはあくまである時点aでのことであり、新9・1条が有効になるのはそれから一定の時間が経過した別の時点bからになるからです。つまり、［憲法9・1条］には未来を縛る言葉はなく、時点aでの有効性のみが担保されているにすぎないからです。

❖基本的人権も改正不可

次にこの「改正不可テスト」を、「永久の」という言葉を含む憲法11条と97条にも使ってみると、11条と97条も「改正不可」条項だという結論になります。

さて、憲法の柱の一つである基本的人権の根幹は11条と97条だと考えられますが、その具体的な中身については、憲法第3章の「国民の権利及び義務」内で個別具体的に説明されています。それらの条項のうち、特に11条と97条の具体的な表現であると考えられる条項は11条も含めて、10条から29条までのすべて、30条は「納税の義務」ですのでこれは除外して、残りの31条から40条までのすべての条項です。それに第79条の2項と第82条も加えておきたいと思います。ただし、11条と97条の具体化になっているのは、これらの条項の中の権利と自由についての部分ですので、これらの条項の一部であっても、義務として述べられている部分は除きます。

これらの条項が、論理的・構造的には11条、97条の内容の一部だとすると、それらの意味を改変して、11条、97条に反する結果を作ってしまってはいけないということになります。つまり、これらの条文は「改正不可」なのであって、それが「希釈禁止律」の意味だということになります。また、この律に従った結果として、変更をしてはいけない条項がかなり多くあることも確認しておくべきことの一つです。

これまでの考察ですでに「改正不可条項」であることが確認されていますが、13条と36条については、13条の「最大の尊重」と36条の「絶対に」に焦点を合わせてメタ憲法的な考察を行うことで、別のルートをたどって「改正不可」の結論に到達することも可能です。

これらのキーワードを使って、「改正不可テスト」を実施してみましょう。仮に36条を改正するとなると、改正後の36条の内容は「絶対に禁ずる」を薄める結果以外の可能性はありません。にもかかわらず改正することは、当然、「絶対に禁ずる」に反することになります。ですから改正をしてはいけないことになります。

同様に、13条についても「改正不可テスト」を実施します。①の場合を考えて仮に改正手続きの対象になるとしても、それは「最大の尊重」を薄めるか、「公共の福祉に反する」範囲を広げるかの二つの可能性しかありません。しかし、第四章で確認するように、「公共の福祉」の範囲は憲法の総体であり、確定されているため、その範囲が広がったり縮まったりすることはありません。残されているのは、「最大の尊重」になりますが、それを変えることは、「最大」以下の尊重になりますので、「改正不可テスト」によって、「改正」の対象にはなりません。

この二つの条文で、「最大」と「絶対に」の双方が時間的な縛りにもなっているという事実が重要です。それもここであらためて確認しておきましょう。つまり、今という時点では「最大の尊重」をするが、一〇〇年経ったら「最大」ではない尊重であってもいい、という可能性は認められていないのです。一〇〇年後も最大の尊重をするほうが、尊重の仕方や程度はより「大きい」と考えられますし、一〇〇年後には「最大」未満の尊重をするのでは、「最大」とは言えないからです。「絶対に」についても同様です。

結論として、第13条と第36条ともに、憲法改正の対象にはならず、「改正不可条項」であること、そしてそれが「自己保存原則」を明文化している条文であることが分かります。

このことと関連して、「すべて」や「何人《なんぴと》」、「全体」といった単語を含む条文にも同様の判断をすることができるのかどうかも吟味しておきましょう。

これらの言葉も「絶対的限定」をしているように読めるのですが、「すべて」も「何人」も「全体」も、その言葉だけで条文の意味を時間的に制約するだけの力を持っていません。これも、「第9・1条」

に適用した「改正不可テスト」と同様に、aという時点とbという時点との比較として論じてみるとはっきりするはずです。

しかし、基本的人権の規定である11条と97条の具現化であるという視点からすれば、憲法内での重みはそれらの条項と同じです。その事実によって、永遠性を保証されているのです。つまり、11条と97条が「改正不可」であることの論理的帰結として、「改正不可条項」だと考えるべきだということになります。念を押しておきますが、「すべて」と「何人」、そして「全体」という言葉だけからは、自己保存則の明文条項であるという結論は導かれないのです。

❖12条の意味

次に12条を考えたいと思います。実はこの条文については「改正不可条項」だという点の他にも重要な論理的な帰結があるのです。その一つは、暗黙裡にではありますが、自殺を禁止していることです。まず「改正不可」であることを証明しておきましょう。他の条文と同じく「改正不可テスト」を適用しましょう。そして「不断の努力」という意味の中には、将来にわたっても「不断の努力」を続けるという縛りがあることに注目します。つまり時間的な意味での言及として、途絶えてはいけないのですから、「改正不可テスト」の絶対的限定Xとしての役割が果たせます。

これで十分なのですが、他の視点からも、「改正不可」であることの説明ができます。それは、「不断の努力」が義務づけられている理由として、自由や権利がこれまで公権力によって蹂躙されてきた歴史が踏まえられているからです。それを考えると、仮に「不断の努力」をしたとしても、自由や権利が常に保持できるかどうかまでは保障されていないということも当然、頭に入れておかなくてはなりません。

そのような文脈のなかで、仮にこの部分を変えるとすると、一つには、「不断の努力」という義務違反になりますし、「不断」にまでは至らない努力をするという結果になってしまうでしょう。そんな努力だけでは自由や権利の保持は一層難しくなりますので、そのような「改正」は、「希釈禁止律」違反であり、憲法遵守の規定にも反することになります。

そして、「自殺の禁止」も重要です。12条の最初の部分を読んでください。「この憲法が国民に保障する自由及び権利は、国民の不断の努力によつて、これを保持しなければならない」ですが、自由と人権を国民が「不断」の努力で保持しなくてはならないという義務が述べられています。「不断」ですから、絶やしてはいけないことを意味します。自殺をすることは、この「不断」の努力を放棄することも意味するため、12条違反なのです。憲法は自殺を許してはいないのです。

この点についてはさらに第五章で確認しますが、同様の理由から12条は死刑も禁止しているのです。

❖「日本国民の総意」

最後に第1条と99条を取り上げます。第1条の「国民の総意」の意味には「絶対性」があります。それは「国民の総意」が計測不可能な絶対的な言葉だからです。その結果として、第1条も「改正不可条項」の一つになります。

天皇が象徴であるという位置づけは国民の「総意」に基づいています。もっとも、現実問題として計測可能な尺度で測っての国民の「総意」は存在しません。たとえば国民投票を行ったとしても、一〇〇パーセントの人が、一人の例外もなく同じ投票行動を取ることなどありえないからです。

しかし、大切なのは、憲法内では「総意」の存在が認められていることです。つまり、憲法を「数学書として読む」という立場からは、実体のある存在なのです。詳しくは第八章で説明しますが、ここでは概略の紹介をしておきましょう。

現行憲法は明治憲法を「改正」するという手続きによって成立しています。その手続きをきちんと行い、議会の承認を経て新憲法を公布する、という趣旨の言葉が憲法の冒頭部分に盛り込まれています。「上諭」[3]と呼ばれますが、それは改正の発議を行った明治憲法下の主権者、そして絶対的な力を持っていた天皇による一文です。引用しておきましょう。

朕は、日本国民の総意に基いて、新日本建設の礎が、定まるに至つたことを、深くよろこび、枢密顧問の諮詢及び帝国憲法第七十三条による帝国議会の議決を経た帝国憲法の改正を裁可し、ここにこれを公布せしめる。

つまり、この憲法は日本国民の総意に基づいて作られたのだということを、その時点での絶対権力者が宣言しているのですから、それは実体があることの存在証明に他なりません。したがって、この条文、

第1条を改正することはできなくなっているのです。

ここでも「改正不可テスト」が力を発揮します。仮に、第1条を改正する手続きを始めたとしましょう。最初に国会での発議が必要になりますが、仮に、国会議員の全員が発議に賛成していたとしても、厳密にいえばそれでも「国民の総意」にはなりません。一方、その時点での第1条は「国民の総意」に基づいているのですから、この矛盾する二つの意見の間でどちらが優先されるべきかという「メタ憲法的」な問いを立てたとすれば、当然、第1条が優先されるべきだというのが答えなのです。つまり、1条は改正の発議さえできないのです。これは、1条が「改正不可条項」であることを示していますし、憲法の「自己保存則」が明文化されているもう一つの事例です。

ここでも念のために確認しておくと、国民や議員の中のより多くの人の意思が、より少ない人の意思より優先されるべきであるという原則は、ふつう、「過半数」の原則として理解されています。それに加えて、通常より重い決定には「三分の二」以上とか、「四分の三」以上の賛成を要するという形で定式化されています。たとえば59条では、予算の成立に必要なのは衆議院の過半数の賛成に加えて参議院の過半数の賛成ですが、仮に参議院が反対した場合でも、衆議院の三分の二の賛成があれば衆議院の意思が通ることになっています。より多い人の意思がより少ない人の意思より優先される原則が憲法内で生きていることを示しています。

●3　絶対権力者としての昭和天皇については、第八章の注8を参照してください（本書一六六―一六七頁）。

さらに、量的な優先順位の他に、「国民の総意」と「すべて国民」という言葉との違いがあります。たとえば、25条における「すべて国民」は、権利を保障されその権利を持つ主体ではあるのですが、25条を成り立たせている絶対的根拠としての力は持っていないのです。

確かに、憲法の全体が「国民の総意」を根拠として成立しているのですが、その中には96条があり、改正も視野に入っているという現実があります。しかし、憲法すべての条項のなかで特に「国民の総意」が決定的な根拠になっているかどうかは、「国民の総意」という表現を明示的な根拠として条文内に掲げているか否かによります。この基準は合理的だと思いますが、それに従うと、単に「すべて」や「何人」という言葉が使われていることだけで、自動的に「改正不可」という結論にはならないと考えられます。

上記のことだけで、第1条が「改正不可」であることの論証は十分だとは思いますが、念には念を入れるという鉄則を守ってさらなる補強をしておきましょう。それは、第2条も同時に考えることです。

第2条　皇位は、世襲のものであつて、国会の議決した皇室典範の定めるところにより、これを継承する。

「世襲」なのですから、子どもがいる限り、象徴としての天皇の地位は続きます。ですから、直系の子孫が続く限り、象徴天皇制は続くはずです。現実問題としては、そのような保証はありませんが、議論を簡単にするために、この際、「子孫が永遠に続く」という仮定を採用しておきましょう。そうすると、9条や11条、97条で使われている「永久」「永遠」に相当する役割を果たします。この観点からも、第1条は「改正不可」だという結論になります。

もっとも、「子孫が永遠に続く」という仮定に反して、もし子孫が続かないような現実が生じたらどうなるのかも考慮に値しますが、それは別の機会に取り上げたいと思います。

第1条に関連してもう一つ、とても重要な「改正不可」条文があります。それは99条です。ここには、天皇の義務が明示的に述べられています。後に第七章で示すように、これは、たとえば第7条に列挙されている「国事行為」ではなくて「義務」なのですが、その義務を負わされている天皇の存在根拠は「国民の総意」です。「国民の総意」によってその地位が認められている天皇に対して「義務」を負わせることができるのは、「国民の総意」以外にはありません。したがって、99条には「国民の総意」という言葉が明示的に使われてはいませんが、論理的には、明示的に使われた場合と同等の重みがあることになります。「改正不可」である理由です。

本書の中心課題の一つである「義務」については、第六章で詳しく論じますが、「改正不可」である99条の意味を、「道徳的要請」とか「宣明」であると解釈することも、この点から禁じられています。希釈禁止律を適用してもいいのですが、わざわざ「義務」という明示的な言葉があるにもかかわらず、しかも「改正不可」の属性を持っているような条項の意味を薄めて解釈するなどということは、憲法違反であることはもちろん、非常識ですし反合理的だからです。

冒頭に掲げた「自己保存原則」の柱である1条、9条、11条、12条、13条、36条、97条、99条の八条項は、そのまま憲法改正の対象外の規定でもあることを確認しましたが、これらの条文に盛り込まれている概念が憲法の柱であることは言うまでもありません。だからこそ、「改正不可」になっているはずなのですから（これは立法趣旨についての判断ですが、それなりの意味がありますので、あえて使っています）。そして、最後にもう一つ指摘しておきたいことがあります。すなわち、これらの条項は、第96条による改憲の手続きを踏まえてすら変更してはいけないのですから、憲法より下位にある法律等によって変更することも基本的には許されないのです。それは、11条と97条の具現化である人権等の保障をうたっている条項についても同じです。

言わずもがなではありますが、ここで一言お断りしておきます。本書における憲法の読み方は、あくまでも第一章で説明した「数学書として」という枠組みの中でのことです。特に天皇制について、あるいは9条についてのさまざまな意見を勘案しての結論ではありません。天皇制廃止論者の皆さんにとっては意に染まない解釈でしょうし、9条改憲論者の皆さんにとっても受け入れ難い主張だと思います。しかし、このように憲法のテキスト以外には目をつぶって読むという試みも、憲法を守る政治を実現する上で、第12条に掲げられている私たちの「不断の努力」の一環として重要ではないでしょうか。

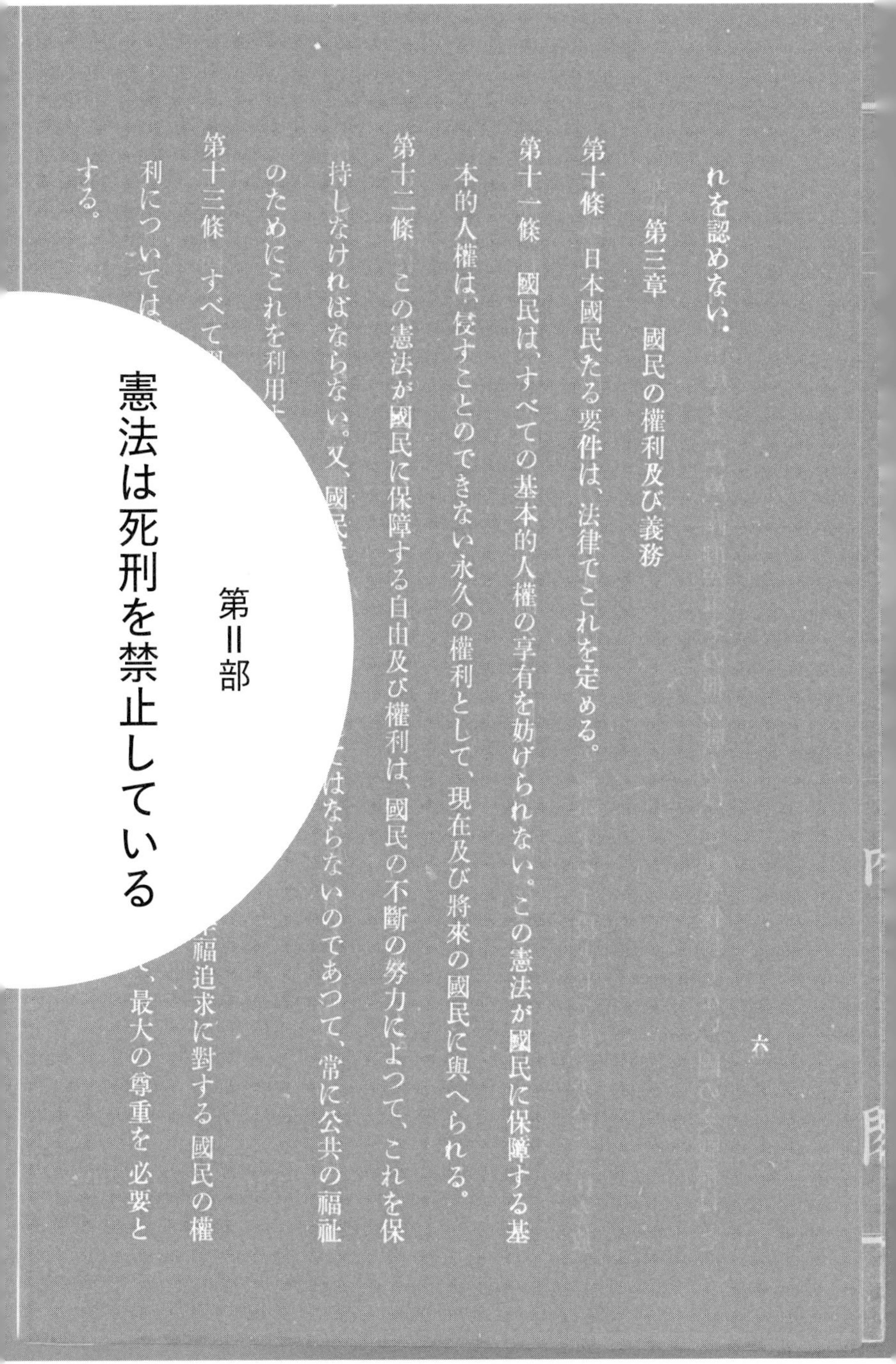
れを認めない。

第三章　國民の權利及び義務

第十條　日本國民たる要件は、法律でこれを定める。

第十一條　國民は、すべての基本的人權の享有を妨げられない。この憲法が國民に保障する基本的人權は、侵すことのできない永久の權利として、現在及び將來の國民に與へられる。

第十二條　この憲法が國民に保障する自由及び權利は、國民の不斷の努力によつて、これを保持しなければならない。又、國民……はならないのであつて、常に公共の福祉のためにこれを利用……

第十三條　すべて……幸福追求に對する國民の權利については……、最大の尊重を必要とする。

六

第II部
憲法は死刑を禁止している

chapter 3

第三章　「基本的人権」と「公共の福祉」の衝突

▼どちらも憲法の枠組みの中に存在しています

❖ abuse of language

「abuse of language」を直訳すると、「言葉の濫用」あるいは「言葉の誤用」です。しかし、数学の世界では、言葉の意味としては不正確でも、その言葉を使うことで説明が短くなり、しかも伝えたい内容を直観的に伝達できるような表現を指します。正確さを金科玉条としている数学の世界で、このような慣用法が問題なく通用しているだけでなく、便利な手段として定着していることは確かに不思議です。しかしこのことは、背後にある正確な意味を忘れさえしなければ、直観的に複雑な意味を伝えられる手段がコミュニケーションの潤滑油であることを示しているのではないかと思います。

とはいえ、言葉の意味を正確に読み取ることを最優先する本書で、「abuse of language」という便法を使っては、当初の目的に反するのでは？とのお叱りを受けるかもしれません。そこで本書では、以下のように限定した形でこの便法を使います。

つまり、「abuse of language」を第一章、本章、第四章、第五章、ならびに第八章で、そしてこれら五つの章のみに限定して使い、誤解の生じそうなところでは「abuse of language」であることを明記します。第八章での使い方は、別に八章で説明します。その他の四章で対象にするのは、「生命、自由及び幸福追求に対する国民の権利については、公共の福祉に反しない限り、立法その他の国政の上で、最大の尊重を必要とする」という文言です。これを「abuse of language」によって、短く表記します。

「abuse」、つまり不正確さですが、それには大きく二つの種類があります。たとえば「公共の福祉に反した場合、最大の尊重を必要としない」では、「公共の福祉に反する」ことを必要条件としてではなく、十分条件として表現することを許しています。また、基本的人権について「公共の福祉に反した場合、侵してもよい」という書き方も許しますが、本来は、「公共の福祉に反する」ことが、「最大の尊重」をしなくてよいという形で表現されるべきところです。これら二種類が同時に現れることもあります。その他のバリエーションについては類推していただければ幸いです。

大切なのは、これがあくまでも「abuse of language」による表現であることを忘れず、論理的な推論のなかでは本来の表記と意味を正確に使う、ということです。

❖基本矛盾

憲法の11条と97条は、基本的人権が「侵すことのない永久の権利」として、現在及び将来の国民に与えられ信託されていることを規定していますが、これらの二つの条文が「改正不可条項」であることは前章で確認しました。しかるに、同じく「改正不可」である13条では、その基本的人権のなかでも特に重要だと考えられる生命、自由、幸福の追求について、「公共の福祉」に反する場合には制限され、また剝奪される可能性のあることが述べられています。つまり、一方では「侵すことのできない権利」だと規定し、他方で、公共の福祉に反した場合には侵してもよいのだと述べられているのですから、これは明らかな矛盾です。この矛盾を、第一章で「基本矛盾」と呼ぶことにしました。

私は長い間、この矛盾についてあまり気に留めずに憲法を読んでいました。でも一応、頭の中では次のような整理をしてきました。つまり、11条と97条は、人類史的な観点から、また社会を律する基本的な考え方として、基本的人権についての大原則を述べている。しかし、多くの人と共に生きていかなくてはならない現実の社会では、個人と個人の持つ「権利」や「自由」が衝突する場合があるため、それを回避または解決すべく法律を定めて、それぞれより局所的な対応で調整する、という理解です。

しかし、もう少し丁寧に考えてみると、さらに「数学書として」憲法を読むという視点からは、これでは不十分です。たとえば、大日本帝国憲法では人権がかなり制限されていたのに対して、現行憲法では基本的人権が日本という国そして社会の基本的な価値になっています。しかし、上記の私の整理では、その違いが必ずしも明確には説明されていないからです。特に重要なのは、憲法には基本的人権を国家権力から守るという重要な役割があるのですが、その点についても強調する必要があることです。

しかし憲法の規定を「数学書として」読んでみると、こうした点についての心配が無用だということが分かります。以下、数学書として読む立場から、基本矛盾を解消する試みを報告します。

❖「基本的人権」の輪郭

まず、「基本的人権」も「公共の福祉」も、最初に使われている時点では、言葉の定義が示されていません。つまり無定義術語です。憲法は純粋の数学書ではありませんので、すべての言葉が正確に定義されているわけではありません。たとえば、「戦争」は前文と第9条に使われていますが、その定義は常識的な理解で十分だと思われますし、それ以上の詳細については、法律や条約を具体的に扱う際に対応すればいいという考え方なのでしょう。

しかし、基本的人権は旧憲法との対比も必要ですし、何より国民一人一人にとっての最重要事項ですから、その意味をきちんと確定しておくことも当然、憲法における最優先事項の一つです。

事実、基本的人権については、憲法内でその輪郭がかなりはっきり描かれています。つまり第3章の「国民の権利及び義務」として、10条から40条までの間に、さまざまな権利についての規定が設けられ、それらの条項によって、基本的人権の姿がより具体的に描かれているのです。これが一般的な基本的人権についての理解だと思いますが、第二章で列挙したリストを再掲しておきます。

基本的人権の根幹は11条と97条ですが、その具体的な中身は、10条から29条までのすべて、30条は「納税の義務」ですのでこれと他の条文の「義務」にかかわる部分は除外して、残りの31条から40条までのすべての条項です。それに第79条の2項と第82条もここに加えておきます。

これを「数学書」としての立場から整理しておくと、公理の一部として11条に「無定義」で使われている「基本的人権」は、公理というレベルでは11条と対等の位置づけにある他の条文によって具体的な形が規定され、その全体像がくっきりと示されている、という構造です。

❖「公共の福祉」も「公理」としての条文が決めている

「基本的人権」の定義については、この解釈で一応説明がつきますので、次に「公共の福祉」について考えましょう。憲法13条、そしてそれを具体化している31条や33条から明らかなように、「公共の福祉」に反するという事実があれば、基本的人権に制限が加えられる可能性があるのですから、「公共の福祉」は憲法のなかで重大な役割を担っています。そしてこの言葉も無定義術語として憲法に現れます。さらに、「基本的人権」に比べて、「公共の福祉」が何を意味するのかについての私たちの理解や知識は、「一般常識」と呼べるレベルにまでは達していないように思えます。

ですから、「基本的人権」と同様に、憲法内の他の条文、つまり「公理」のいくつかによって定義されるのでなければ、「公共の福祉」の意味は確定できませんし、確定してはいけないとまで言っていいでしょう。ここで強調しておきたいのは、「憲法内」で定義されることの重要性です。憲法外に基準が存在してしまっては、⑧**自己完結律**に反することになるからです。このことは、次のように表現しておいたほうが分かりやすいかもしれません。つまり、憲法外の何らかの存在、たとえば昔は力を持っていた教育勅語が、憲法の大きな柱の一つである基本的人権を制限する力を持つなどということは、「数学書として読む」立場からは許されないのです。

そして「基本的人権」の場合、その具体的な姿を規定している条文のあることは一読すれば分かるため、どの条文が「基本的人権」の具体的規定なのかを論理的に推論しなくてもよかったのですが、「公共の福祉」の場合、その意味するところを探りつつ、どの条文が「公共の福祉」の実態を描いているのかを見極める必要があります。

❖［本則］と［例外規定］に分けて考える

憲法中で「公共の福祉」という言葉が使われている条文は四つあります。12条、13条、22条、そして29条です。以下、「基本的人権」と「公共の福祉」の関係についての根幹である13条を出発点にして「公共の福祉」の範囲を確定しますが、結論の出た時点で、その他の条文中の「公共の福祉」に照らして矛盾のないことを確認します。

「公共の福祉」を理解する上で大切なのは、憲法の柱の一つである「基本的人権」を「本則」と捉え、その上で、「公共の福祉」が「例外規定」として現れる13条の形です。その論理性を強調するために、次のような「分解」を行います。

［絶対則13・0］すべて国民は個人として尊重される。

［本則13・1］生命、自由及び幸福追求に対する国民の権利については、立法その他の国政の上で、

最大の尊重を必要とする。
［例外規定13・2］ただし、公共の福祉に反する場合には、この（本則13・1の）限りではない。

一言断っておきたいのは、13条を分解した結果、最初の文章が［絶対則13・0］であることです。これは、［例外規定13・2］が影響を及ぼすのは［本則13・1］だけで、［絶対則13・0］にはかからない、つまり「絶対」的に素直にこのまま読めばいいことを示しています。

それは、一つの条文が一つの完結した「公理」であると考えれば自然のことです。「すべて国民は個人として尊重される」にまで例外規定の縛りをかけたいのであれば、「公共の福祉に反しない限り」を条文の頭に持ってきて、二つの文章を一つにまとめるといった形が簡単に取れます。たとえば、「公共の福祉に反しない限り、すべて国民は個人として尊重され、生命、自由及び幸福追及に対する国民の権利についても、その限りにおいて、立法その他の国政の上で最大の尊重を必要とする」です。これなら、最初の文章にも例外規定がかかります。しかし、文章が二つに分かれていて、二つ目の文章だけに例外規定が置かれているのですから、それは、素直に二つ目の文章だけにかかると読むべきでしょう。

また、一つの条文中の例外規定が他の条文にまでかかると解釈する可能性もありますが、その解釈は、「公共の福祉」という制限が必要な条文には明示的に「公共の福祉」という言葉が使われていることから否定されます。つまり、明示的に「公共の福祉」が現れない条文については、「公共の福祉」という制限が及ばないと考えるほうが自然です。

さらに、13条の具体化である31条、そしてさらなる具体化である33条も、「本則」と「例外規定」に分解しておきます。

［本則31・1］何人も、その生命若《も》しくは自由を奪はれ、又はその他の刑罰を科せられない。

［例外規定31・2］ただし、法律の定める手続があれば、その限りではない。

［本則33・1］何人も、逮捕されない。

［例外規定33・2］ただし、現行犯として逮捕される場合を除く。

［例外規定33・3］また、権限を有する司法官憲が発し、且つ理由となつてゐる犯罪を明示する令状による場合はその（［本則33・1］の）限りではない。

憲法を貫いている大原則の一つが基本的人権だということを頭に置いて上記の整理結果を見ると、本則では一貫して生命、自由、幸福の追求という人権の基本的要件が強調されていることが分かります。強調の仕方も重要です。13条で「立法その他の国政」という行為を行う主体を「公権力」と呼びますが、その「公権力」に対して、基本的人権を尊重すべしと迫っているのです。以下、「公権力」が主役として登場する背景としてこの事実を忘れてはなりません。

続いて、13条、31条、33条と進むなかで、各条文が対象にしている基本的人権の範囲が、個別具体的に的を絞られてゆく様子が分かります。広く一般的である13条から、段階を踏むたびに対象範囲が狭められているのです。13条では、「生命、自由及び幸福追求に対する国民の権利」ですが、31条では、生命や自由の奪われることも含めて刑罰を科せられないという、より具体的な範囲に限定されています。そして33条では、「逮捕されない」とさらに具体的な事象についての人権の保障・尊重がうたわれています。

それに呼応して、例外規定も、より一般的な範囲設定から具体的かつ特定の形を取るように変わっています。［例外規定13・2］では、人権の最大尊重をしなくていいのは「公共の福祉に反する」場合とかなり抽象的なのですが、［例外規定31・2］では、法律的手続きによらなければ刑罰は与えられないというふうに具体化され、［例外規定33・2］、［例外規定33・3］では、現行犯としての逮捕、あるいは「権限を有する司法官憲が発し、且つ理由となつてゐる犯罪を明示する令状」まで出現して、目の前で逮捕という行為が繰り広げられていてもおかしくないほどの個別的・具体的な状況が示されています。

何度も繰り返すことになりますが、このように［本則］と［例外規定］に分けて考えることで浮き彫りになるのが、［本則］の重要性です。さらに、その特別な場合として、基本的人権のなかではおそらく最重要であるはずの生命権の位置づけです。本則で述べている「最大の尊重を必要とする」対象の中に生命が入らないことなどありえないからです。また31条でも、奪ったり刑罰を科したりしてはいけない対象を列挙する中に、当然生命は入りますし、逆にその中に入れないのでは13条違反になりかねません。

この点を強調している理由の一つは、第五章で詳細に論じますが、昭和二十三年の最高裁による死刑制度の判決の中に、この考え方とは対極にあるように読めるくだりがあるからです。

❖「主語一致の原則」

もう一点、13条、31条、そして33条を比較して、これら三条に共通するパターンがあります。この点は、分解する以前の条文で分析すべきかもしれませんが、上記の分解後の文章で明らかになることもあるため、それらを使って考えてみましょう。

それぞれの条文の本則では、特定の行為が取り上げられています。それは動詞で表現されています。13条は「尊重する」ですし、31条は「刑罰を科す」つまり「罰する」です。33条は「逮捕する」です。そして、例外規定でも、それぞれ例外となる行為または行動が特定されています。13条は「反する」ですし、31条は法律を「定める」です。そして33条は、複数の行為が述べられていますが、最終的には令状の「提示」です。

こう分析してきて、もうお気づきだと思いますが、それぞれの条文で、本則と例外規定における主語は同じなのです。これは普通に文章を書くときの用法ですので、規則あるいは原則だと考えてもいいかもしれません。それを特に、「主語一致の原則」と呼んでおきます。13条では、最大の尊重をしなくてはならない主体は公権力ですが、それには「公共の福祉に反しない限り」という制限が付いています。大切なのは、公共の福祉に反するか反しないかという行動をとる主体も公権力だという点です。

31条でも、刑罰を科するのも、法律を定めるのも「公権力」です。33条では逮捕するのも、令状を提示するのも「公権力」だという同じパターン、つまり、本則と例外規定の主語は一致しているのですが、それが抽象から具体へという流れのなかで変わらずに守られている点が重要です。

以上、「主語一致の原則」が確認できましたので、それを踏まえて、13条の意味を再確認しておきましょう。まず［絶対則13・0］として、大原則である「すべて国民は個人として尊重される」ことが述べられています。次の［本則13・1］は、その特別の場合として、より具体的なレベルでの「個人としての尊重」の内容が記述されています。それは、「生命、自由及び幸福追求に対する国民の権利については、立法その他の国政の上で、最大の尊重を必要とする」のです。

そして［例外規定13・2］の「ただし、公共の福祉に反する場合には、この（本則13・1の）限りではない」において、「最大の尊重」をしなくてもいい場合のあることが示されています。「反する」の主語は、「尊重する」の主語と同じなので公権力ですが、その公権力が何らかの行為をすることが「公共の福祉に反する」場合にはこの例外規定が適用されることになるというシナリオです。そして「何らかの行為」とは、［本則］で述べられている「最大の尊重」をすること以外にはありえません。

簡単にまとめておくと、13条後半の意味は、「公権力は、基本的人権を最大限尊重しなくてはならない。しかし、そうすることが公共の福祉に反する場合には、最大の尊重はしなくてもいい」とまとめられます。この点については、後で具体例によって説明します。

「主語一致の原則」の重要性は、第五章の議論にも登場しますし、本章でもこの後、「基本的人権」と

「公共の福祉」からなるチーム対、「公権力」という対立軸を考える上でも重要です。

❖標準的誤解

実は、13条後半の読み方で「公共の福祉に反する場合」がどの部分に対する例外規定なのかについては、昭和二十三年の最高裁判決をはじめとする「定説」があります。それによると、この例外規定は「生命、自由及び幸福の追求に対する国民の権利」を制限しているのです。本書との違いを強調するために、この読み方を「標準的誤解」と呼ぶことにします。本書でも、《abuse of language》でお断りしたように、この「定説」に沿った書き方をしてきました。以後、「例外規定」が何を制限しているのかはより正確に扱いますが、混乱の生じない限り、「abuse of language」によって従来の表現も使います。

この点についての議論はかなり技術的になりますし、憲法の英訳とも関連しています。また、「誤解」をあえて正すまでもなく、本書では「主語一致の原則」に基づいて素直な読み方ができていますので、詳細は「付論3」で別途取り上げることにしましょう。

❖基本矛盾の解消

さて、「主語一致の原則」が確認できましたので、それをもとに基本矛盾の検討に入ります。実は、次章の結論、つまり「公共の福祉」とは憲法の総体を意味する、言い換えれば、憲法の描く世界を指しているという考え方をとれば、比較的簡単に、11条と13条の矛盾は解消します。

その考え方に従うと、13条の「公共の福祉に反しない限り」の「公共の福祉」を「憲法の規定」と置き換えてよいことになりますので、13条の後半部分は、「生命、自由及び幸福追求に対する国民の権利については、憲法の規定に反しない限り、立法その他の国政の上で、最大の尊重を必要とする」になります。

これを分解形として書き表すと次のようになります。

［本則13・1］生命、自由及び幸福追求に対する国民の権利については、立法その他の国政の上で、最大の尊重を必要とする。

［例外規定13・2・1］ただし、最大の尊重をすることが憲法の規定に反する場合には、この（本則13・1の）限りではない。

［例外規定13・2・1］という形で、元の例外規定と少し形を変えたのは、「主語一致原則」をもとに、「最大の尊重をすることが」という言葉を補ったからです。分かりやすくなりますのでこの表現を使いますが、より正確には、「生命、自由及び幸福追求に対する国民の権利を、立法その他の国政の上で、最大の尊重をすることが」と書くべきところです。

ここで掲げた本則と例外規定を合わせて読むと、その意味は、「基本的人権について、公権力は憲法の規定に反しない形で最大の尊重をすべきだ」になります。しかしながら、憲法99条の遵守義務は、

「本則13・1」に対しても有効です。ということは、「本則13・1」と憲法99条を合わせて考えただけでも、「最大の尊重」は憲法の規定に反しない形で行わなくてはならないという結論になります。言い換えると、「例外規定13・2・1」なしでも、その代わりの役割を99条が果たしますので、この例外規定がある場合と同じ結果が得られるということなのです。つまり、「例外規定13・2・1」は論理的には不必要なのです。

さらに、「生命、自由及び幸福追求に対する国民の権利」は、憲法の規定として定義されているものなのですから、その最大の追求が憲法の規定に反することはありません。つまり、憲法の枠組み内での議論をする限り、「例外規定13・2・1」の前提部分、「最大の尊重をすることが憲法の規定に反する」という可能性は生じないのです。こちらの理由からも、「例外規定13・2・1」が存在する論理的意味はなくなります。

すなわち、「公共の福祉」が憲法の総体であるという事実を13条に当てはめると、憲法13条を次のように書き換えても論理的な意味は同じだということになるのです。これを仮に「憲法13・3条」と呼んでおきます。

第13・3条　すべて国民は、個人として尊重される。生命、自由及び幸福追求に対する国民の権利については、立法その他の国政の上で、最大の尊重を必要とする。

この条文と11条との間には矛盾がありませんので、当初の目的であった「基本矛盾」の解消ができました。

第四章　「公共の福祉」は憲法の総体

chapter 4

▼「基本的人権」と「公共の福祉」は公権力と対峙している

続いて本章では、「公共の福祉」が憲法の総体を指していることを確認し、「基本的人権」と「公共の福祉」がいわば一つのチームとなって、公権力をコントロールしている姿を描いてみましょう。

❖憲法の総体が「公共の福祉」である

三つの条文を［本則］と［例外規定］とに分解した上で、［本則］の重要性を強調しましたが、だからといって「例外規定」を軽んじてよいことにはなりません。［本則］の重要性とともに強調されるべきなのです。［例外規定］も［本則］と同等か、もしくはそれ以上の重要性を持っていると言ってもいいでしょう。［例外規定］は、［本則］を制限するきわめて重要な役割を担っているからです。となると、「基本的人権」を守る上で、［例外規定］が暴走しないようにすることも必要になります。そこで、［例外規定」に一定の枠をはめることも視野に入れながら、あらためて13条、31条、33条の例外規定を整理してみましょう。

憲法では、「基本的人権」を制限する上での必要条件として掲げられているのが、一般論としては13条の「公共の福祉」に反する状態であり、そして、それより一段具体的になったレベル、つまり31条では「法的手続き」が必要とされています。これはある意味で自然なのですが、それ以上に大切なのは、憲法内に明示的に言及されている「基本的人権」制限基準は、法的手続き以外にはないという点です。令状のない逮捕や拘束等についての言及はありますが、それらはすべて、「法的手続き」の一部です。

ですから、「数学書として読む」立場からは、「公共の福祉」違反かどうかを判断するためには、「法的手続き」があるのかないのかという基準が最初に適用されなくてはなりません。

さらに、憲法98条では、法律が効力を持つための条件として、憲法に従うことが規定されています。つまり、「法的手続き」が存在して、その手続きが憲法の規定に従っていなくてはならないのです。それもあわせて考えると、「公共の福祉」の範囲は、「法的手続き」の根拠になっている憲法の条文によって示される範囲だということになります。

では、「法的手続きの根拠になっている憲法の条文」とはどの範囲のものを指しているのでしょうか。答えは、憲法のすべての条文です。つまり、「公共の福祉」とは憲法全体が描いている社会の姿、そしてその社会の目指すところ、あるいは価値だと言っていいでしょう。この点を説明するために、具体的なレベルの、実例に近いケースを考えて「思考実験」をしてみます。法的手続きとして、車の免許制度を考えてみましょう。

❖「自由運転権」

憲法第41条では、国権の最高機関かつ唯一の立法機関としての国会の存在が決められていますから、国会がさまざまな法律を作り、その法律で政治が動くという前提で、これ以降の議論をすることに問題はありません。

ここでは、自分の所有する車を何の制限もなく公道上運転していい、という「幸福の追求権」の一部を、13条で規定されている基本的人権の「最大尊重」例の一つとして取り上げます。この権利を仮に、「自由運転権」と呼んでおきましょう。

まったく制限なく、すべての人がこの権利、「自由運転権」を行使すると、かなりの数の事故が発生し、死亡事故も多発することになるはずです。死亡事故を減らすという一事だけに焦点を合わせても、免許制度の導入は合理的です。つまり、視力も含めて身体能力も一定の基準を満たし、一定の運転技術を持ち、道路交通の安全性についての知識もある人にだけ運転免許を与えるという法律を制定して、免許制度を導入することで、死亡事故の件数は確実に減らせます。

このような法的手続きによって「自由運転権」を制限することが許されているのかどうかを検証するためにこそ、13条が存在します。仮に、この「自由運転権」を尊重して、つまり「最大の尊重」を重んじて、法的手続きの具体化である免許制度を導入しなかったとしましょう。するとその結果、防げたはずの死亡事故がかなりの件数発生することになります。その場合、事故で亡くなった人やその近親者の立場からは、13条の「個人として尊重される」に反します。

13条は法律の根本である憲法の規定ですから、「法的手続き」の一部です。その憲法の規定に合わない以上、自由運転権の尊重は「公共の福祉」に反すると判断していいでしょう。つまり、13条を「公共の福祉」の一部だと考えることは合理的なのです。

これで結論は出ているのですが、あらためて、以上のシナリオが常識に照らして問題はないか、検証しておきます。ここで取り上げるのは、一方には制限される立場の「自由運転権」があり、他方に自由運転権を認めると侵害される個人として尊重される権利があり、その両者の対立という図式です。しかしこの場合は、運転する権利の全部が剥奪されるわけではなく、安全に運転する環境を整えての運転という代替案が示されています。さらに事故による死亡という非可逆的かつ最も重い結果に照らした上での結論ですので、「自由運転権」を一部制限することに何も問題はないことが分かりました。

❖「公共福祉テスト」と基本的人権

いま述べてきた、自由運転権と免許制度との関連についての考察を図式化すると、次のようになります。

「Yを尊重する」⇓ Xに反する」⇓「Yは制限される」

真ん中の部分に現れるXには、憲法の条文、今回の例では13条が入ります。そして両端のYには、生命、自由、幸福の追求に代表される特定の基本的人権、今回の例では「自由運転権」が入ります。この前半の部分、つまり「Yを尊重する ⇓ Xに反する」に注目します。結論はさておき、基本的なのは前半の部分です。

その上で、この図式が合理的であるかどうか、正当性があるのかどうか、憲法の規定に抵触しないか、常識に照らしておかしくないか等の判断をした上で、条文Xが「公共の福祉」を表現するものとして適切かどうかを判断することになります。その結果、この命題が合理的である、あるいは正当性がある、憲法の規定に抵触しない、あるいは常識に照らしておかしくないといった判断ができれば、Xを「公共の福祉」の一部として認めよう、ということなのです。この判断を行うことを「公共福祉テスト」と呼ぶことにします。

このような準備をした上でまず、「基本的人権」を規定している条文がすべて、「公共の福祉」の範囲内に入ることを示したいと思います。「自由運転権」と13条の事例で十分かもしれませんが、念のために再度、一般的なケースにも通用する「思考実験」をしてみましょう。そのための一例として取り上げるのは、21条の表現の自由です。

仮に、あるテーマについて正反対の意見を持つ二人の人物、AとBとがいたとしましょう。Aの主張は、「自分の意見は正しいので自由に発言する権利はあるが、Bの意見は下らないので、発言を禁止すべきだ」というものです。これを「Aの発言自由権」と呼んでおきましょう。

仮に、政府が何らかの理由を付けて「Aの発言自由権」を認めることになり、この「自由」についての最大の尊重をすると決定しようとしているとしましょう。問題はこれが、「公共の福祉」に反するかどうかです。憲法21条の規定では、表現の自由は保障されており、それはBに対しても適用されるため、当然、Bの発言を禁止することは許されません。もし21条が「公共の福祉」の一部であれば、政府の取ろうとしている「Aの発言の自由権」についての「最大の尊重」を制限する根拠になりえます。

このことから、憲法21条を「公共の福祉」の一部として考えることには正当性のあることがお分かりいただけたと思います。基本的人権を構成する他の条項についても同様の議論が成り立ちますので、基本的人権は、もともと「公共の福祉」と対立するわけではなく、その一部であると考えてよいことが確認できました。

❖その他の条項も「公共の福祉」の一部

「基本的人権」以外の条項も「公共の福祉」の構成要素であることを示すために、ここで、憲法に現れるプレーヤーを整理しておきましょう。それは、天皇、三権を司る公務員、そして国民という三つに大きく分けることができます。このなかで天皇は、国政に関する権能を持たず、国事行為については内閣の「ロボット」としての役割しか与えられていませんが、99条の憲法遵守義務を判断基準とするなら、「公権力」に入ります。それに対して、国民が13条で列挙されている生命、自由、幸福の追求といった基本的価値を守り、「公権力」をコントロールするために使えるのは、憲法の規定しかありません。

その憲法の規定は、国民の権利と義務、そして三権の職務内容と権利義務、それに天皇についての規定と分類されます。つまり、立法、行政、司法のすべてにわたってのコントロールを行い、「基本的人権」を守るには、憲法の規定がすべて関わってきます。

このような理解から、憲法の全規定とその論理的帰結が「公共の福祉」の構成要素であり、そしてそれらの規定が体現している価値こそが「公共の福祉」であると考えるのが合理的だという結論に到達します。

議論が煩雑になることを避けるために、以下、具体的なケースを例示して、この点を説明しておきましょう。

「思考実験」の続きです。運転免許の運用について、たまたま政府高官の親しい友人が運送業を営んでおり、たまたま運送業では運転免許の取得が難しいために運転手が不足している状態だったとしましょう。しかるに、その友人の会社の従業員は、なぜか簡単に免許が取得でき、運転手の数が確保できるという状態が作られていたとしましょう。このように公平さに欠ける運転免許制度が存在してはいけないわけですが、現実にこうしたアンフェアな制度ができてしまっていて、それが政府高官の指示によって維持されていたことも明るみに出ていると仮定しておきましょう。さらに、このような状態であるにもかかわらず、行政はそれを放任し、司法の介入もないという仮定で、その先を考えてみましょう。

「公共福祉テスト」を使いますが、ここでYは「友人である政府高官のコネを使って、事業を発展させる権利または自由」（略して「お友だち権」）とでも言えばいいのでしょうか。そして、それに関連のある憲法の条文がたまたま存在します。憲法第15条の第2項です。

第15条（省略）

2　すべて公務員は、全体の奉仕者であつて、一部の奉仕者ではない。

ですから、Xは15条の2項です。全体の奉仕者としてではなく、友だちにだけ甘い行政が行われているのならばこれに反していますから、憲法15条の2が「公共の福祉」の一部であれば、憲法13条の例外規定が適用でき、「お友だち権」は制限されます。となると、15条の2項は、「公共の福祉」の一部だと見なすことが合理的です。

しかし、もう少し丁寧にさまざまな可能性を考えてみることにも意味があります。「甘い行政」あるいは「甘い政治」の可能性としてありうるのは、政府高官が直接、「お友だち権」を認めて便宜を図るケースだけではありません。関係者が忖度して、間接的にさまざまな場面で、「お友だち権」を優先しているのかもしれません。それが立法の場合もあるかもしれませんし、行政、司法が関わっている論理的可能性も排除できません。たとえば、定足数に達していない委員会で強行に採決をして「法律」を成立させたことにしてしまうような、極端なケースも視野に入れる必要があります。

この点を検討するために、Yを「お友だち権」と仮定した場合の特別なケースとして、現実的には荒唐無稽だと思われるような想定をしてみましょう。たとえば、国会の某委員会の委員長が「お友だち」

の便宜を図るために、つまり「お友だち権」を最大に尊重して、この委員会の定足数を無視して、ある法律を可決したというようなケースです。思考実験を続けると、Xには、公務員の職務規定や国会の構成等を規定している憲法の条文が入り、その条文違反が生じるような可能性を考えることができます。この場合も、前と同じように憲法の規定に反することになりますから、「お友だち権」は否定されることになります。つまり、ここでXとして取り上げた憲法の規定は「公共の福祉」の一部として認定されるテストに合格したのです。

その他の条文についても一つ一つ、具体的な想定は省略しますが、想像力を働かせてください。かくして、三権の職務規定や権利義務の条項は「公共の福祉」の一部になると結論づけていいのではないでしょうか。さらに、天皇についての規定も、常識的な想像の範囲をはみ出した論理的可能性だけで判断すると、同様の考慮をすべきですから、それも「公共の福祉」の構成要素になります。これで「公共の福祉」の範囲は確定できました。

さて、以上で確定できた定義と、憲法中に使われている「公共の福祉」という言葉との間に矛盾がないことは、次に（あらためて）掲げておく条文からお分かりいただけるでしょう。

第12条　この憲法が国民に保障する自由及び権利は、国民の不断の努力によつて、これを保持しなければならない。又、国民は、これを濫用してはならないのであつて、常に公共の福祉のためにこれを利用する責任を負ふ。

第13条　すべて国民は、個人として尊重される。生命、自由及び幸福追求に対する国民の権利については、公共の福祉に反しない限り、立法その他の国政の上で、最大の尊重を必要とする。

第22条　何人も、公共の福祉に反しない限り、居住、移転及び職業選択の自由を有する。
2　何人も、外国に移住し、又は国籍を離脱する自由を侵されない。

第29条　財産権は、これを侵してはならない。
2　財産権の内容は、公共の福祉に適合するやうに、法律でこれを定める。
3　私有財産は、正当な補償の下に、これを公共のために用ひることができる。

❖公権力との関係

「基本的人権」と「公共の福祉」は、一体不可分なのです。それは、「公共の福祉」が憲法の全体であって、「基本的人権」はその一部であり、かつ憲法のなかで中心的な役割を果たしているからです。しかし、巷間には、この両者の関係を引き離し、「公共の福祉」と「公権力」が一つのチームとなって「基本的人権」を制限してよいと解釈する人たちが後を絶ちません。この点について一言、注意を喚起しておきます。

まず、「公共の福祉」の意味を、憲法外に求めたいと考えている人たちの主張の典型的なものを挙げておきましょう。たとえば、「公共の福祉」という言葉を、「国家は神聖なものだ」とか「国家が最優先されるべきだ」というように、「愛国心」や「忠誠心」等の概念として解釈すべきだというものです。

基本的人権を制限するための十分条件として、こうした概念が持ち出されているわけですが、その背景には、「公共の福祉」という言葉の持つ玉虫色の幅広さがあります。つまり、この言葉が憲法外の広い範囲の概念をも含んでいると捉えられがちだからです。詳しくは「付論1」をお読みいただきたいのですが、通説・定説では「公共の福祉」の範囲はずいぶん広く取られています。

こうした幅広い範囲で「公共の福祉」を定義するという伝統があり、それに加えて、「公権力」と「公共の福祉」とが一つの「チーム」として「基本的人権」に対峙しているという図式が生まれて、上記のような主張に結実しているようです。しかし、本章の結論では「公共の福祉」とは「憲法の総体」であるという範囲に限定されていますので、上記のような概念は含まれません。

それとは別のアプローチから出てきている考え方ですが、「死刑は合憲だ」と判断した昭和二十三年の最高裁判所判決でも、「公権力」と「公共の福祉」が同じチームであるかのような立論が行われています。この点については、次章で詳しく論じます。

対して、私たちが本章で確認したのは、「基本的人権」と「公共の福祉」とは、一体不可分の存在だということです。となると、「基本的人権」、「公共の福祉」そして「公権力」という三者の関係を考える際に、「基本的人権」ならびにそれと一体不可分の「公共の福祉」の二者からなるチームに対峙するのは「公権力」だということになります。歴史的にも、基本的人権を侵害してきた最大の脅威は暴力の行使ができる国家権力だったことも想起する必要があります。

そして、公権力は、憲法に存在基盤を持っています。国会、内閣、司法のすべては、憲法によってその権威を与えられているのです。三権のどれをとっても、最終的には主権者である日本国民に対して責任を負うわけですが、国民の側からのコントロールも、憲法の規定によって行われる仕組みになっています。

さらに、その端的なケースが、公務員の選任と罷免の力を国民が持つことを明示している憲法15条です。

第13条で「公共の福祉に反しない」という条件付きで基本的人権の最大尊重を義務づけられている公権力は、より具体的な形での制約も受けています。つまり、「公共の福祉」は公権力に対する牽制にもなっているのです。

それは、「公共の福祉の範囲内で」という枷《かせ》として、憲法内に具体的な形で述べられています。たとえば31条があります。31条は、「何人も、法律の定める手続によらなければ、その生命若しくは自由を奪はれ、又はその他の刑罰を科せられない」との規定で罪刑法定主義を確立しています。また18条では、「何人も、いかなる奴隷的拘束も受けない。又、犯罪に因る処罰の場合を除いては、その意に反する苦役に服させられない」、そして36条では、「公務員による拷問及び残虐な刑罰は、絶対にこれを禁ずる」と、公権力の行使にあたっての禁止事項としてさらなる制限が課されています。その他の規定は省略しますが、このように多くの制限が課された上で公権力は行使されなくてはならないのです。いわば、公権力に対するこのような規制が「公共の福祉」という概念の具現化になっているのです。

思想・良心の自由、その他の自由の保障、裁判を受ける権利等々、公権力といえども侵してはならない具体的な権利や自由については、ここでは列挙しませんが、憲法による保障は確固たるものがあります。そして、それでも公権力が権限を逸脱する場合には、つまり公権力による濫用があったとしても、それに対する歯止めがかけられています。

たとえば、79条によって最高裁判所の裁判官の国民審査による裁判官の罷免制度がありますし、15条には、「公務員を選定し、及びこれを罷免することは、国民固有の権利である」と、選挙によって国会その他のレベルの議員を選ぶだけでなく、公務員を罷免する権限も国民が持っていることが明記されています。こうした力を私たちが行使することで、公権力が基本的人権を侵害した場合、さらには公共の福祉から逸脱した場合にも原状回復が可能になるメカニズムが備わっています。公権力を抑制するために、憲法のすべての条文が総動員されるという意味でもあります。

以上で、大雑把ではありますが、「基本的人権」と「公共の福祉」対「公権力」という構図のうちに、公権力を規制するメカニズムがあり、それは国民の「基本的人権」として規定され、同時に「公共の福祉」として要請されていることもお伝えすることができました。

ここであらためて、「例外規定」の必要性・重要性についても確認しておきましょう。《「公共福祉テスト」と基本的人権》の節でも見たように、自由権の行使にあたっては、相反する利害関係の存在を無視することはできません。したがって社会全体として、特に政治の場でその調整を行う必要のあることには異論がないと思います。「例外規定」はその必要性に応えるための道具として導入されているのですから、その役割の重要性は、《憲法の総体が「公共の福祉」である》の冒頭で述べた通りです。

しかし、本章で見えてきたことの一つは、まずは「本則」があり、その「例外規定」として公権力が「本則」に従わなくてもいい場合が規定され、さらに「公共の福祉」概念によって、「例外規定」のもとに権力を行使する際にも逸脱してはいけない厳しい枷がかけられているという、重層的な構造の存在することです。まさしくこのような重層構造からこそ、公権力が野放図に基本的人権を蹂躙できないようにしている憲法のメッセージが強く伝わってくるように私には読めるのですが、いかがでしょうか。この視点から、再度13条、31条、33条を味わい直すのもいいかもしれません。

❖人類が蓄積してきた知恵の総体としての「公共の福祉」

実は、憲法の規定の中には、人類史的な視点も盛り込まれています。たとえば97条には、「人類の多年にわたる自由獲得の努力の成果であつて、これらの権利は、過去幾多の試錬に堪へ」というフレーズがあります。あるいは前文の「これは人類普遍の原理であり、この憲法は、かかる原理に基くものである」や「政治道徳の法則は、普遍的なものであり、この法則に従ふことは、自国の主権を維持し、他国と対等関係に立たうとする各国の責務であると信ずる」もあります。

そして、個人レベルでの「公共の福祉」の観点からはごく自然に理解できる「基本的人権」同士の衝突についても、人類史的にはどのような原理原則で考えるべきなのかという膨大な蓄積の上に立っています。その中のどれを選択すべきなのかについては、「数学書として読む」という本書の立場からは論じられませんが、人類史の一部としての認識を憲法が示している点は忘れるべきではないでしょう。

となると、「公共の福祉」の概念を少し広げて、そこには憲法では十分に書ききれなかった事柄や、憲法解釈上に疑義が生じた際に私たちが判断基準として採用すべき、これまで人類が積み上げてきた知恵の総体が含まれていると解釈すべきなのかもしれません。ただし、憲法を公理の集合とみなして読んでいる私たちの立場からは、特に「自己完結的」であることを課しているわけですから、そこまで拡張して「公共の福祉」を定義するという選択肢はありません。

このこと自体、つまり「公共の福祉」とは憲法の総体であるということこそ、憲法を数学書として読む行為の限界を示している、と考えられないこともありません。たとえば、《「公共福祉テスト」と基本的人権》の節における個人と個人の利害関係対立の調整をする上での大原則といったものを憲法に示してもらいたい、という願望があったときに、その答えとして「公共の福祉」が考えられるからです。

しかしながら、論理的には、その立場と「数学書として読む」立場との間に違いはありません。なぜなら、「公共の福祉」は、無定義術語だからです。通説・定説の立場では、憲法「外」のさまざまな概念によって「公共の福祉」の定義を決め、その結果を個人間の利害関係調整の原則として採用しています。「数学書として読む」立場でも、11条の「侵す」や13条の「最大の尊重」の[4]解釈にあたって、憲法

●4　本書では十分に論じられませんでしたが、「侵す」や「最大の尊重」の意味を具体的に考えると、一定の幅がなくてはならないという可能性も検証する必要が生じます。

「外」においての同様の議論を経ることによって、どのような調整を行うのかの結論を得ることになるはずです。どちらも、憲法の外での議論によらなくてはならないのですから、本書の立場から見ると違いはないのです。そしてこのような議論の中身は、人類が蓄積してきた知恵の総体になるはずですから、おそらく同じような結論に至ると想定するのが自然でしょう。

以上、本章でご紹介した試みは、憲法のなかで特に重要な「義務」はあくまでも義務と読み、絶対的な意味を持つ「永遠」「絶対」「永久」「国民の総意」等の言葉も最大限に尊重するという出発点から続いています。そのなかで、無定義術語の「公共の福祉」を本章のような形で解釈することにより、憲法全体の姿がはっきりし、かつ矛盾も少なくなっていると自負しているのですが、基本矛盾を解決する第一歩くらいにはなっているでしょうか。

chapter 5

第五章　憲法は死刑を禁止している

▼疑問の余地さえないのですが――

本章の構成は二段構えになっています。前段では、憲法が死刑を禁止していることを二つの独立したルートをたどって「証明」します。後段で取り上げるのは、それとは正反対の見解が述べられている、昭和二十三年に下された最高裁判所の判例（以下「判例」と略します）です。判例を丁寧に読むことで、その論理性についての吟味をします。

❖［定理A］憲法は死刑を禁止している

前段には二つのルートがあります。それら二つのルートをたどって、憲法が明確に死刑を禁止していることを証明します。第一のルートでは、死刑が憲法違反であることを直接、証明します。二番目のルートはそれとは独立した形で最高裁判所の昭和二十三年判決を俎上に載せ、二章と三章で確認した「公共の福祉」を枠組みに使って、死刑が合法だという主張には無理のあることを示します。
憲法中に、「死刑を禁止する」という趣旨の明文規定はありません。しかし、憲法を論理的に読むと、死刑は禁止されています。これが本章の中心的命題です。以下その点を簡潔に説明しますが、意図して「簡潔」にするのではなく、憲法が示している原理・原則上、簡潔な推論で結論に至るという意味です。すでに第一章で「人命尊重原則」として述べたことの繰り返しにはなるのですが、重要な点ですので、あらためて詳細に「証明」をたどってみます。
ここで根拠にするのは、憲法12条の最初の部分と13条の冒頭、そして25条です。11条と97条も同様の議論をする根拠になりますが、より具体的なシナリオが展開できるこれらの三条に焦点を合わせます。まず、条文を読み直してみましょう。

第12条　この憲法が国民に保障する自由及び権利は、国民の不断の努力によつて、これを保持しなければならない。（以下略）

第13条　すべて国民は、個人として尊重される。生命、自由及び幸福追求に対する国民の権利については、公共の福祉に反しない限り、立法その他の国政の上で、最大の尊重を必要とする。

第25条　すべて国民は、健康で文化的な最低限度の生活を営む権利を有する。（以下略）

この三つの条文のうち、「生命」そして「生活」という言葉が出てくるのは13条と25条ですので、まずこれら二つについて考えます。13条で使うのは、最初の「すべて国民は、個人として尊重される」の部分です。参照する手間がかからないよう、以下、13条の分解形を再掲します。特に、［絶対則13・0］には、「公共の福祉に反しない限り」という例外規定が適用されない点が重要です。


［絶対則13・0］すべて国民は個人として尊重される。

［本則13・1］生命、自由及び幸福追求に対する国民の権利については、立法その他の国政の上で、最大の尊重を必要とする。

［例外規定13・2］ただし、公共の福祉に反する場合には、この（本則13・1の）限りではない。

❖［定理A］の証明

さて証明に移ります。［絶対則13・0］のなかの「個人」とは、一人の人間を指しますが、それも生きている人間です。亡くなった人を指す言葉として「故人」のあることを考えると、「生きている」という事実が、「個人」である上での必要不可欠な要件であることが分かります。さらに、25条では、「生活を営む権利」という表現が使われています。「生活」とは、生きている人間が日常的な活動をすることを意味します。こちらも「生きている」という前提がないと、条文の意味がなくなってしまいます。

さらに、25条は「例外規定13・2」のような規定にも縛られていませんので、これも素直に自然に読んだ結果です。

12条、13条、25条のどちらも、主体は「国民」です。その中には犯罪を犯した人も入りますから、その人に死刑が科されるかどうかの判断にもこれら三つの条文が関わってきます。さて、仮に国家が、犯罪者に対して死刑を執行したとしましょう。その行為は許されるのでしょうか。

言い換えると、死刑を執行するという行為は、死刑によって命を奪われる個人を、13条の要請通り尊重したことになるのでしょうか。答えは明らかだと思います。「尊重」の対象となるのは、「生きている」という厳しい条件が付いている「個人」です。その存在を無にしてしまうことは、「尊重」の対極にある行為であって、それは13条違反です。

25条についても同様の議論が成り立ちます。「最低限度の」という限定的な条件が付けられていますが、しかし「生活」は生活です。生きていなくては生活できないのですから、その「生」を奪うことは、「生活の権利」の侵害です。

12条では、国民の不断の努力によって自由や権利を保持しなくてはならない、という義務が課せられています。「不断」ですから、個人が途中で止めることはできません。さらに、公権力がこの「不断」に介入して途絶えさせてはなりません。ましてや、個人の命を奪って「不断」を「断」にしてしまうことは許されません。

と見てくると、憲法は少なくとも三か条において、それぞれ別の立場から、明確に死刑を禁止してい

ることになります。Q.E.D.●5

憲法では、複数の独立した条文から、これほど簡単に死刑の禁止が証明されるのですが、それを無視した上で、最高裁判所が死刑は合憲であるという判断をしているのも、私には「憲法マジック」の一つのように思えます。続いて、最高裁の判例に沿って死刑禁止を考えてみましょう。

❖昭和二十三年の判例だけで死刑は合憲とは言えない

ここからは第二のルートをたどります。これまでの直接ルートの「証明」とは独立した形の議論です。つまり、12条の前半と13条の前半部分（すべて国民は、個人として尊重される）、そして25条には根拠を求めずに、つまり、前節の「証明」とは独立した議論によって、最高裁の昭和二十三年の「判例」からは、死刑が合憲だという結論にはならないことを示します。

そのために、ここでは13条の後半部分に注目します。それを分解した結果を再度、示しておきましょう。

［本則13・1］生命、自由及び幸福追求に対する国民の権利については、立法その他の国政の上で、

●5　Q.E.D. とは、ラテン語の Quod Erat Demonstrandum（かく示された）の略で、多くの数学書では、証明が終ったことを示す記号として使われている。

最大の尊重を必要とする。
［例外規定13・2］ただし、公共の福祉に反する場合には、この（本則13・1の）限りではない。

さて最初に、「死刑」を13条の枠組みで考えます。出発点として、国民の権利を最大に尊重する行為の中には、死刑という罰を法律によって設けないことが含まれます。これを死刑の「不存在」または「死刑の禁止」という言葉で表現します。死刑の不存在または死刑の禁止が出発点であるのは、「本則優先律」に従っているからです。

つまり、13条に従えば、公権力が何もしない状態では生命権が最大尊重されるのですから、死刑は存在しないのです。明治憲法下では死刑は存在しましたが、98条に従えば、新憲法が制定・施行された時点で、それもいわば白紙状態に戻り、あらためて合憲だという判断が下されない限り、新憲法下では合法的な存在ではないと考えられます。したがって、「不存在」または「禁止」という出発点を選択することに問題はありません。

この状態で、もし公権力が死刑を合憲・合法の刑罰として認めさせたいという意思を持っていた場合、13条に従えば、死刑の禁止が公共の福祉に反することを示さなくてはならないのです。

もう少し丁寧に考えてみましょう。死刑の不存在または禁止は「生命、自由及び幸福追求に対する国民の権利」を最大に尊重している結果だと考えられます。「最大の尊重」の特別な場合です。死刑という罰を導入する、つまり死刑の不存在から存在に移行する、または死刑の禁止を覆すということは、その最大の尊重を中止することになります。13条が規定しているのは、そのために「必要」な要件があるということです。それは、死刑の禁止が「公共の福祉」に反しているという事実を示すことです。

大切な点なので、再確認しておきますが、第三章で「主語一致の原則」をもとに指摘したように、「公共の福祉」に反するか反しないかという判断の対象になる行為をするのは公権力です。そして、今の場合、その行為とは公権力が死刑の不存在を続ける、あるいは死刑を禁止し続けることなのです。本則と例外規定の主語は同じなのですから、公権力によるその行為は「公共の福祉」に反することなのだ、ということを示さなくてはなりません。

最高裁判所が「死刑は合憲である」という判断を下すことは、死刑の禁止から容認へと移行することであり、その判断の前提として、死刑禁止が公共の福祉に反するという事実の認定が必要です。最低限、最高裁は、死刑禁止が公共の福祉に反していると考えるに足る根拠を示す必要があります。それを出発点にして、それが事実であるのかどうかの認定が行われるべきなのですが、それなしでは、死刑の不存在または死刑の禁止は継続されなければなりません。昭和二十三年の最高裁判決では、この最後の段階の根拠の提示は行われていません。つまり、なぜ死刑の不存在または死刑の禁止が公共の福祉に反するのかという説明がないのです。したがって、死刑の不存在または禁止は続けられて当然なのです。

Q.E.D.

以上の議論の中核部分は、死刑の不存在あるいは死刑の禁止が「公共の福祉」に反しているかどうかの判定でした。それは、論理的な手続きですので、一つのパターンとして整理しておきたいと思います。

その手続きを「最大尊重免除テスト」と呼んでおきましょう。つまり、公権力が本来であれば最大尊重しなくてはならない権利（この場合は死刑の不存在）を最大尊重しなくてもいい可能性があるかどうかのテストです。

①公権力が最大尊重しなくてはならない権利をXとする。
②仮に公権力がXを最大尊重したとして、それが「公共の福祉」に反するかどうかの判定を行う。
③その結果、「反する」という結論が出た場合に、Xについては最大尊重をしなくてもよい。

死刑の場合以外にもこのテストが有効であることは言うまでもありません。一点注意をしておくと、③の「しなくてもよい」という表現は「abuse of language」です。13条では、例外規定は必要条件であり十分条件ではないからです。ただし、31条も視野に入れて、このテストの結果を立法府の力を使って法的な手続きとして実現した場合にはその限りではありません。

以上、二つの独立したルートから、憲法においては死刑が禁止されていることを「証明」しましたが、いかがでしょうか。このような検証が、憲法について、特に死刑制度についての活発な議論を生み出すことに少しでもお役に立てれば、それに越した喜びはありません。

❖昭和二十三年の判例には根拠がない

これまで、前段では、「数学書として読む」立場からは、二つの独立したルートをたどることで憲法が死刑を禁止していることを確認できました。以下後段です。昭和二十三年の最高裁判所の死刑制度についての判決を取り上げます。この判決を根拠として現実の世界では死刑の合憲性が認められています。まず、その判決要旨を掲げますが、「判例」では、第13条、第31条、第36条の解釈がもとになって、「死刑は合憲だ」という判断が示されています。この「判例」を「数学書として読む」立場から論理性を重んじて検証しましょう。参照する際に便利なよう、最高裁判所の判例に番号を振り、傍線を施したものを掲げます。出典は、二〇一二年三月の法務省「死刑の在り方についての勉強会」取りまとめ報告書に添付された「資料3」です。

死刑制度を合憲とした判例（最高裁判所大法廷昭和二十三年三月十二日判決）

憲法第13条においては、すべて国民は個人として尊重せられ、生命に対する国民の権利については、立法その他の国政の上で最大の尊重を必要とする旨を規定している。しかし、同時に同条においては、⓪公共の福祉に反しない限りという厳格な枠をはめているから、①もし公共の福祉という基本的原則に反する場合には、生命に対する国民の権利といえども立法上制限乃至剝奪されることを当然予想しているものといわねばならぬ。そしてさらに、②憲法第31条によれば、国民個人の生命の尊貴といえども、法律の定める適理の手続によつて、これを奪う刑罰を科せられることが、明かに定められている。すなわち③憲法は、現代多数の文化国家におけると同様に、刑罰として死刑の存置を想定し、これを是認したものと解すべきである。（中略）弁護人は、憲法第36条が残虐な刑罰を絶対に禁ずる旨を定めているのを根拠として、刑法死刑の規定は憲法違反だと主張するのである。しかし死刑は、冒頭にも述べたようにまさに窮極の刑罰であり、また冷厳な刑罰ではあるが、④刑罰としての死刑そのものが、一般に直ちに同条にいわゆる残虐な刑罰に該当するとは考えられない。ただ死刑といえども、他の刑罰の場合におけると同様に、⑤その執行の方法等がその時代と環境とにおいて人道上の見地から一般に残虐性を有するものと認められる場合には、勿論これを残虐な刑罰といわねばならぬから、将来若し死刑について火あぶり、はりつけ、さらし首、釜ゆでの刑のごとき残虐な執行方法を定める法律が制定されたとするならば、その法律こそは、まさに憲法第36条に違反するものというべきである。前述のごとくであるから、死刑そのものをもつて残虐な刑罰と解し、刑法死刑の規定を憲法違反とする弁護人の論旨は、理由なきものといわねばならぬ。

判例中、最初に取り上げたいのは第13条についての解釈です。番号⓪と①を含む、「同時に同条においては、公共の福祉に反しない限りという厳格な枠をはめているから、もし公共の福祉という基本的原則に反する場合には、生命に対する国民の権利といえども立法上制限乃至《ないし》剝奪されることを当然予想しているものといわねばならぬ」という解釈について、13条を論理的に分解して考えてみましょう。

❖本則と例外規定の全体構造

本節では、第一章で触れた「本則優先律」に沿った議論をしますが、そのために第三章では、条文を［本則］と［例外規定］に分けて、憲法の持つ論理構造をハッキリさせておきました。13条とともに、31条と33条についても同様の分解をしていますが、詳細は再度、第三章をご覧ください。ここではページを繰る手間を省くため、三つの分解形を再掲します。それはこの点が本章の核心の一つだからです。


［絶対則13・0］すべて国民は個人として尊重される。

［本則13・1］生命、自由及び幸福追求に対する国民の権利については、立法その他の国政の上で、最大の尊重を必要とする。

［例外規定13・2］ただし、公共の福祉に反する場合には、この（本則13・1の）限りではない。

［本則31・1］何人も、その生命若しくは自由を奪はれ、又はその他の刑罰を科せられない。

［例外規定31・2］ただし、法律の定める手続があれば、その限りではない。

［本則33・1］何人も、逮捕されない。

［例外規定33・2］ただし、現行犯として逮捕される場合を除く。

［例外規定33・3］また、権限を有する司法官憲が発し、且つ理由となつてゐる犯罪を明示する令状による場合はその（［本則33・1の］）限りではない。

❖部分否定

「判例」中①の「公共の福祉という基本的原則に反する場合には、生命に対する国民の権利といえども立法上制限乃至剝奪されることを当然予想している」には問題があります。

ここで「公共の福祉という基本原則に反する場合」とは、［例外規定13・2］が適用される場合です。その際に［本則13・1］をどう読むのかがポイントです。以下、数学をよくご存じの皆さんにとっては当たり前のことばかりでしょうが、一応、まとめておきたいと思います。

「例外規定」の言葉は「この限りではない」のですから、「本則13・1」は否定されます。しかし、それは、生命、自由、幸福の追求のすべてを直ちに剝奪することを意味してはいないのです。つまり、論理的には、「否定」は「全否定」ではなく「部分否定」を意味します。

「本則13・1」を否定した場合の論理的な可能性としては、まず、「最大」の尊重が否定される場合があります。それは、「最大」の否定ですから、「かなり」尊重する場合も許容範囲です。「チョッピリ」尊重するのもその範囲に入ります。「まったく尊重しない」あるいは「剝奪する」も可能性には含まれますが、論理的には、何の議論もなく全否定かそれに近いという範囲だけしか考えないのは間違っています。

次に、「最大の尊重」にはならないにしろ、それでも何らかの意味で尊重されるべき対象となる権利の範囲ですが、これも、生命、自由、幸福の追求のすべてが論理的・自動的に対象になるのではありません。生命の一部、自由の一部、幸福の追求の一部のどれかが対象になるという意味です。もちろん、可能性としてはすべてが対象になることも含まれますが、そうではない可能性のあることも踏まえて考えるのが、論理の要請です。

ですから、「公共の福祉に反する」という理由で制限される範囲に、自由の一部と幸福の追求の一部を入れても、生命はその対象にはしない、という選択をしたとしても、論理的にはそれが許されているということです。その他の可能性については一つ一つ例示しませんが、ポイントはお分かりいただけたでしょう。

これだけ複雑かつ重層的な可能性があるなかで最も極端な選択肢は、列挙されている三つの権利――生命、自由、幸福の追求――のうち、最も重い存在である生命を対象として、「最大の尊重」の対極にある、（権利は）まったく尊重しない、つまり（権利を）剝奪する、という組み合わせです。つまり、死刑です。

しかし、この条文からは、このような極端な組み合わせが当然の結論だとは、どうしても読めないのです。確かに、論理的な可能性としては認められます。しかし、その他の複数の選択肢と比較して、なぜこの組み合わせを例外規定の結論として採用するのかについては、丁寧な説明が必要だということだけは、ご理解いただけたはずです。

ですから、「当然予想している」と言い切るのは、論理を逸脱した判断なのです。

論理的に整理すると、およそ次のようなまとめになるのではないでしょうか。「これまで挙げたような複雑かつ多くの可能性が存在するのだから、それらを慎重に比較考量した上で、死刑という選択を行うためには、十分納得のゆく理由・根拠が示されなくてはならない」。

次に、憲法第31条に移りましょう。これを分解した［本則31・1］と［例外規定31・2］が対象です。

ここで、誰もが陥りやすい過ちに言及しておきたいと思います。それは、受動態と能動態の違いです。憲法31条では受動態が使われているのに対して、判例文では能動態に変えられています。この転換をする際に、必要条件を十分条件だと取り違えたり、そのような間違いの起ることがままあることを利用して詭弁を弄したり、ということがしばしば行われます。この点にも注意してください。

ここで、［本則31・1］をさらに分解して考えておきましょう。基本的には、人権の観点から「刑罰を科せられない」が主な主張です。そのなかでも特に、生命を奪うという刑罰、自由を奪うという刑罰は特筆に値するがゆえに、これらを奪ってはいけないことを強調しています。これを箇条書きにすると、次のようになります。

①生命を奪ってはいけない。

②自由を奪ってはいけない。

③その他の刑罰もいけない。

ここで、注意しておくべきことの一つは、③に「その他の刑罰」という言葉があることから、①と②

をもう少し丁寧に表現すると、「刑罰として」生命を奪ってはいけない、「刑罰として」自由を奪ってはいけない、という意味になることです。

そして「その限りではない」で表現される否定形は部分否定ですので、13条の解釈の場合と同じです。つまり、この三つのうちの一つはいいけれども他の二つはいけないままである、この三つのうち二つはいいけれども後の一つはいけないままである、三つともいい、そして、三つともいけない場合も「限りではない」に含まれますので、必ず刑罰を与えなくてはならないという結論にはなりません。

つまり、法律の定める手続きのあることは必要条件であって、法律があれば何をしてもいいと言っているのではないのです。そして前段のような複雑な可能性があるのですから、「判例」中の②のように、必要条件を十分条件であると読んで、さらにそれを敷衍して「これを奪う刑罰を科せられることが、明かに定められている」とまで結論づけるのは非論理の極みです。

ここでも論理的なまとめをしておきましょう。「生命を奪う刑罰を科する可能性は存在するが、その選択を行うためには、他の選択肢との比較考量を慎重に行い、なぜ死刑でなくてはならないのかを納得の行く形で示さなくてはならない」。

あらためて強調したいのは、基本的人権のなかではおそらく最重要であるはずの生命権と例外規定との関係です。本則が最重要な命題であるとするなら、そのなかで述べられている「最大の尊重を必要とする」対象の中に生命が入らない方がおかしいのです。31条でも、奪ったり刑罰を科したりしてはいけない対象を列挙する中に、一番大切な生命が入ることは当たり前なのです。それが最初にあって、その後に［例外規定］が登場するのです。

［本則］以前に［例外規定］があって、その［例外規定］をさてどの対象に適用しようかと考えを巡らせているときの対象の候補として、ようやく［本則］が提示され、そのなかで真っ先に適用される対象として生命が挙がっているのではないのです。

このような本則重視の姿勢が貫かれている憲法の構造のなかで、例外規定が本則に対する部分否定だという事実からの結論を考えるなら、剝奪される対象の第一位に生命が挙げられることなどありえません。これは、論理的思考の結果として当然なのです。

このような論理性を無視して、死刑を真っ先に取り上げて、何の根拠も示さずに、「当然予想しているものといわねばならぬ」とか「明らかに定めている」と言ってしまうのは、論理的な読み方をあえて避けていることになりますし、仮にそれが正当化される内容を持つのであれば、その根拠が示されていなくてはなりません。しかも、その根拠を、できれば説得力のある仕方で示す立場にいるのは公権力側です。

その義務を怠ったまま、「判例」中の③のように「刑罰として死刑の存置を想定し、これを是認したものと解すべきである」と、それこそ宣明・宣告してしまうのは乱暴すぎるのではないでしょうか。

こう見てくると、昭和二十三年の最高裁判例のなかで論理的に意味のある可能性を持つのは、それに続いての36条の「残虐」についての解釈だけなのです。

❖36条の「残虐な刑罰」を考える枠組み

次に進む前に、これまでのおさらいをしておきます。《昭和二十三年の判例には根拠がない》という節の冒頭で引用し、①から⑤までの番号を振った最高裁判所の判例に従って説明しましょう。判例の前半、①から③の部分で、「判例」は憲法が死刑を是認していると解釈しています。その前提の下、④では、理由も説明もないままに、死刑が残虐な刑罰とは言えないと断定しています。それに続く説明では、死刑は容認されるという前提で、36条が死刑そのものの残虐性についての条文ではなく、その執行の仕方が「残虐」であってはならないと述べている、というのが「判例」の解釈です。そして、残虐な死刑執行の仕方として、江戸時代には行われていた「火あぶり、はりつけ、さらし首、釜ゆで」が例示されています。

つまり「判例」において、36条は死刑存置の是非についての論拠としては使われていないのです。したがって、死刑が合憲か否かという判断は、「判例」の前半、⓪から③と印を付けた部分における主張がすべてなのです。それについては、《部分否定》節の前半部分で、⓪から③までの判断には根拠のないことを示しました。となると、昭和二十三年の死刑についての最高裁判所の判例には、実質的な内容が欠落していることになるのですが、いかがでしょうか。

まとめておくと、判例中の前半部分の推論には、すでに指摘したように論理的な誤りがありますので、死刑が合憲だという結論は受け入れられません。また後半の36条についての考察においても、死刑が合憲だという言及はありますが、その論拠は示されていません。つまり、「判例」の主張は、「空集合」であるとしか言えないのです。

以上で、昭和二十三年の最高裁判例の論拠は崩れました。唯一「根拠」のように見える箇所では、「公共の福祉に反する」という事実の立証責任を果たさないままに、国民が「公共の福祉に反する」行為をした場合には生命が剝奪されることも想定されているという、論理的には受け入れられない「立論」をしています。その他の箇所で「判例」が果たしている役割は、理由も説明もなく「独断」を示しているだけなのですから、これで死刑を合憲にするという乱暴さについて、私たちはもっと声を大にして問題提起をすべきだと思います。

❖処刑される人への説明責任

次にこの判例中、唯一意味がある可能性の残っている最後の段落の一部についての考察に移りましょう。第36条の「公務員による拷問及び残虐な刑罰は、絶対にこれを禁ずる」の解釈です。その部分を引用しておきましょう。

> 将来若し死刑について火あぶり、はりつけ、さらし首、釜ゆでの刑のごとき残虐な執行方法を定める法律が制定されたとするならば、その法律こそは、まさに憲法第36条に違反するものというべきである。

憲法36条の解釈中、ここに引用した部分については、私も同感ですし、これに反対する人はまずいないでしょう。そこから始めて、別のルートをたどることで、死刑は許されない結論になることを見ておきます。

江戸時代は遠い昔になった現在、日本で採用されている執行方式、絞首刑は残虐ではないのでしょうか。その点についての言及は「判例」中にはありません。あるとすれば、海外でもこの刑が存在することの指摘です。それはわが国において、死刑が合憲になることの法的根拠にはなりませんし、わが国において死刑が「残虐」だと判断されるべきか否かの法的判断基準にもなりません。

「判例」で述べられているのは単に、必要条件を十分条件だと強弁し、部分否定を全部否定と読むことで、死刑が合憲であるという結論を導いているだけで、「残虐」な刑罰とそうではない刑罰との境界線をどこにどう引くべきなのか、そしてその線引きがなぜ正しいのかという議論は一切行われていないのです。その点について、不十分ながら別の視点も加えて考えてみましょう。

憲法第13条には、「すべて国民は、個人として尊重される」と書かれているのですから、これから死刑を執行される人間の立場から考えて、自分が「尊重されている」と感じた上で処刑されるくらいの扱いを期待しても、それこそ罰《ばち》は当たらないと思います。しかし、昭和二十三年の最高裁判例では、死刑が合憲であることの説得力のある説明はなされていませんので、それは他のところに求めなくてはならないのかもしれません。

そのためには最低限、日本国政府を代表する誰かがどこかで、「絞首刑は残虐な刑罰ではない」という説明をすること、その上で、死刑を執行される立場の人が、仮に納得はしないまでも、自分でもその説明をそれなりに理解できるレベルのものであることが、必要最小限求められるのではないでしょうか。
つまり、「説明責任」です。しかし、何度も繰り返しますが、「判例」ではその責任を果たしていませんし、その後の日本政府の対応においても私の知る限り、このような配慮はなされていません。国家権力によって一人の人間の命を奪うという行為は非常に重いもので、憲法はその根拠なのですから、もう少し丁寧な説明がなされてしかるべきだと考えるのは私だけなのでしょうか。

❖存在しない過去ではなく現在についての議論を

「判例」では、死刑は憲法36条が「絶対に」禁止している「残虐な刑罰」には当たらないと述べています。その趣旨は、「火あぶり、はりつけ、さらし首、釜ゆで」は残虐な刑罰であることに違いないが、死刑そのものが残虐だとは言えない、というものです。しかしこの部分の論理的な構造は、次のようなストーリーならびにその解釈と「同型」であるような気がしています。

仮に次のような法律があったとします。

［条文］　飲食店前のスペースにおいて、人に迷惑を与えるような駐車は絶対にしてはならない。

その解釈として、次のようなケースを考えてください。

［解釈］　牛車を駐車させることは、飲食店の前での牛の屎尿の不衛生さを考えると、これは絶対に許されることではない。でも乗用車の駐車は、それに比べると非衛生的ではなく、不便かもしれないが、迷惑を与えるとは言えない。だから、現代では乗用車が飲食店の前に駐車することをこの条文は禁じていない。

論理的な相似関係としては厳密ではないかもしれませんが、ここで言いたいのは、次のようなことです。つまり、「牛車」という、平安時代の乗り物ではあっても現時点ではほぼ存在しない対象を引っ張り出してきて、それが禁止されなくてはならないという点を「絶対に」という言葉を付けて強調し、それと対照的な形で、現在の時点で普通に存在する乗用車についての議論はあたかも存在しないか不十分なまま、またその議論には「絶対に」の重みが欠けてしまっている形で、独断と言っていいような説明抜きの結論を導いていいのだろうか、ということなのです。

極言すると、すでに存在しない牛車はどうでもいいのです。そうではなく、現存する乗用車の駐車が、迷惑を与えるかどうかの議論がなされなくてはならないのです。それも、「絶対的に」という重みを伴っての真剣な議論でなくてはなりません。それを行うことが「説明責任」を果たす上での第一歩になるはずなのですが、「判例」ではこれに相当する部分の議論が行われていないのです。

❖誰にとっての「残虐」なのか

このような「議論」や「説明」のなかで、「残虐」であるかないかの判断基準が示されるべきなのですが、「判例」中には示されていません。ここではその欠けている部分を少しでも埋める試みをしておきましょう。以下、論理的・常識的な議論を重ねることで、死刑そのものが「残虐」であるという結論に到達することを示すつもりです。

一言お断りしておきますが、書き言葉ではあっても「残虐」な刑について詳細な議論や説明をするのは気が進みません。しかし、それなしでは、死刑制度の残虐性が伝わらないため、我慢してお付き合いください。

そこで考えなくてはならないのは、死刑が残虐か否かを判断する上で、「残虐」とは誰にとっての「残虐」なのかという点です。当然、処刑される本人にとって「残虐」か否かは大問題です。仮に私が処刑される立場になったとすると、絞首刑も当然「残虐」な刑罰だと考えるでしょう。多くの人は、自分がそんなに大それた犯罪を犯す可能性はまずありえないという現実から出発するにしても、仮に自分が絞首刑になるかどうかを考えた場合、絞首刑を「残虐」な刑罰だと考えるのではないでしょうか。

もう一つ、仮に死刑の執行が行われたとして、自分がその立会人になった場合、その執行の仕方を「残虐」だと捉えるかどうか、という判断基準もあるかもしれません。立会人として多くの死刑執行を目の前で見ることになった人たちによる報告も多くあります。そのなかで、米国テキサス州の刑務所の教誨師として95件の死刑執行に立ち会ったキャロル・ピケット師は、『ニューヨーク・タイムズ』のインタビューで、「残虐」という言葉は使っていませんが、死刑に関わるすべての人、被害者とその家族、死刑囚とその家族、刑務所の関係者そして立会人らが例外なく深い傷を受ける様子を具体的に語っています（『ニューヨーク・タイムズ』電子版二〇一七年四月二十三日号）。

さらに、死刑を執行する側にとってはどうなのでしょうか。銃殺刑の場合、銃を発射するのは複数の人で、誰の弾が死刑囚にあたったのかが分からないシステムが取られていますし、アメリカの場合、薬物の点滴をするのは「チーム」で行われるようになっています。つまり、処刑の「実行犯」が誰なのかは特定し難いシステムになっているのです。さらに、人を殺す仕事をしてはいけないことになっている医師は、そのチームに参加できないのも特徴です。現在の法制度では「残虐」ではないと解釈されている場合でも、実際には、つまり生身の人間が関わる現場の受け止め方としては、死刑そして死刑執行が「残虐」であることを示しているのではないでしょうか。

以上、「誰にとっての残虐か」という視点からの考察をしましたが、このように違った視点からの議論を通して物事の本質が垣間見えるという経験も大切です。最終的には憲法上の根拠は同じであっても、あえて違ったルートからの説明を試みた次第です。

❖公開性と残虐さ

もう一点、「残虐さ」を考え定義する上で重要だと思われるのが「公開性」です。執行される刑が公開されるのかどうかによって、「残虐」かどうかについての私たちの感じ方が変わってくるのではないかと思われるからです。

「判例」が例示している「火あぶり、はりつけ、さらし首、釜ゆで」は、私たちが文学や歴史のなかで習った限りでは、みな公開刑です。だからこそ、「残虐」であることがほぼ例外なく認められることになっているのではないでしょうか。では、現在日本で行われている絞首刑はどうでしょうか。現在は、公開されていませんが、これが公開される刑だとしたら、「残虐な刑罰」になるのではないでしょうか。

アメリカ南部で長い間続いた「リンチ」は、憎悪や偏見、差別等の感情に駆られた暴徒が、裁判を経ずに自分たちの独断で、主に黒人の男性を対象にして、特定の人に「犯罪者」だという烙印を押し、首を縛って殺す行為を指しています。つまり、公的ではない私的な絞首刑です。こんな行為が多くの人々を煽動することになった理由の一つは、「絞首刑」が残虐であるがゆえに、自分たちの持つ「怒り」や「憎悪」等の感情表現としての有効性が担保されるという因果関係があったからなのではないでしょうか。しかも「公開」の場での群衆心理に煽られたのですから、これが「残虐」であることに疑問の余地はありません。

逆に、「火あぶり、はりつけ、さらし首、釜ゆで」を非公開にしたらどんな結果を生じるでしょうか。「さらし首」が刑罰としてその目的を達する上で重要なのは、死後、頭部が公開されるからであって、死刑が執行されてから頭部を公開しなければ「さらし首」にはなりません。この場合には、刑が刑として成り立つためには「公開性」が必要不可欠ですし、それが「残虐」であるのなら、それは公開されるからだと言っても過言ではありません。他の刑についても、非公開の刑にしてしまえば、執行者の側は手間のかかる方法を選ばずに、「効率性」を重んじる刑の執行方法に移行するのではないでしょうか。「リンチ」が残虐であり、日本等で採用されている絞首刑が残虐ではないとすると、その違いは公開されるか否かにあると考えてもよさそうですが、この点をもう少し丁寧に見ることで、「残虐」さの定義ができるのではないかと思います。

❖子どもに見せられるかどうか

公開されてもされなくても、死刑に処せられる側にとっては、それほど大きな違いはないとも考えられます。この点については機会を改めての議論が必要かもしれませんが、ここでは「公開性」をキーワードとしてもう少し考察を続けましょう。

その際に、処刑される人間にも13条が適用されること、特にそのなかでも「本則13・1」の重要性から出発しなくてはなりません。つまり、処刑される人間の権利も最大限に尊重されなくてはならないという原則の重要性です。その際に、「残虐」である場合にはそれに該当する刑罰は禁止されるのですから、「残虐」か否かの判定基準は、少しでも疑いがある場合には「残虐だ」という結果になるような方向性を持ち、かつその感度が繊細なものである必要があります。

その前提の下、仮に「公開する」か「公開しない」かが「残虐」の線引きになるのであれば、公開する対象をもう少し細かく分けて考えることで、見えてくるものがあるかもしれません。ここで提案したいのは、ある方法で死刑執行を行う場合に、それを子どもに見せるべきかどうかという判断を加えることです。

なぜ「子ども」なのかにも答えなくてはなりません。それは、子どもたちが他の生命体に対して大人よりはるかに強い共感力を持っているからだという点を挙げておきたいと思います。そして、子どもの目を通すという思考実験をすることで、私たちの多くは人間性の本質を見詰める立場に立たされるからです。さらに、こと人権、特に人命に関しては、私たち人類の最も繊細な基準で線引きをしていく必要があると考えるからです。

「火あぶり、はりつけ、さらし首、釜ゆで」を子どもに見せたいと思う人は、現代ではまず存在しないでしょう。絶対に見せてはいけない、と考える人が大多数だと思います。そして、銃殺や絞首刑、電気椅子や薬物注射による死刑執行等についても、子どもに見せてはいけないと考える人が圧倒的多数なのではないかと思います。その結果として、どのような執行方法でも「残虐」であるという判断になるはずですから、それをまとめて、死刑は「残虐な刑罰」であることも確認できたことになります。

その基準に従えば、死刑はどのような執行方法であれ、「残虐な刑罰」なのです。このことは、そもそも国家権力であろうと個人であろうと、人の命を奪うという行為そのものが否定されなくてはならないことを言い換えたにすぎません。憲法ではそれを13条の冒頭に、「すべて国民は、個人として尊重される」という表現で、簡潔かつ冷静に当然のこととして記述しているのです。

日本國が締結した條約及び確立された國際法規は、これを誠實に遵守することを必要とする。
第九十九條　天皇又は攝政及び國務大臣、國會議員、裁判官その他の公務員は、この憲法を尊重し擁護する義務を負ふ。
第十一章　補則
第百條　この憲法は、公布の日から起算して六箇月を經過した日から、これを施行する。
この憲法を施行するために必要な法律の制定、參議院議員の選擧及び國會召集の手續並びにこの憲法を施行するために必要な準備手續は、前項の期日よりも前に、これを行ふことができる。
第百一條　この憲法
は、その成立するまでの間、
衆議院は、國會
三一

第III部

憲法の規定する義務

chapter 6

第六章　憲法99条は法的義務

▼逆立ちしても道徳的要請と読んではいけない

❖99条は「法的義務」ではなく「道徳的要請」？

憲法を数学書として読む立場からは、「義務」という言葉が使われている場合、文字通り「義務」は義務と読まなくてはなりません。しかし、現在定着している憲法の解釈、つまり通説・定説では、「義務」は必ずしも義務ではないらしいのです。「憲法マジック」の最も深刻なケースですが、そんなことがあっていいのでしょうか。以下、丁寧に検証していきましょう。

❖憲法で規定されている義務

まず憲法全体のなかで、「義務」という言葉が現れる条文は四つあります。

〈教育を受ける権利と受けさせる義務〉
第26条　すべて国民は、法律の定めるところにより、その能力に応じて、ひとしく教育を受ける権利を有する。
２　すべて国民は、法律の定めるところにより、その保護する子女に普通教育を受けさせる義務を負ふ。義務教育は、これを無償とする。
〈勤労の権利と義務、勤労条件の基準及び児童酷使の禁止〉
第27条　すべて国民は、勤労の権利を有し、義務を負ふ。
２　賃金、就業時間、休息その他の勤労条件に関する基準は、法律でこれを定める。
３　児童は、これを酷使してはならない。
〈納税の義務〉
第30条　国民は、法律の定めるところにより、納税の義務を負ふ。
〈憲法尊重擁護の義務〉
第99条　天皇又は摂政及び国務大臣、国会議員、裁判官その他の公務員は、この憲法を尊重し擁護する義務を負ふ。

教育、勤労、納税、憲法遵守、どれをとっても私たちには重要な事柄なのですが、私にとってショッキングだったのは、これらの四つの条文中、「義務」が義務と読まれているのは、第26条の教育の義務と30条の納税の義務だけで、他の二条は義務ではないという解釈が通説・定説であることでした。

それに気づいたのはある日、六法全書の中の第99条についての注釈を読んだときでした。そこには、「法的義務」ではなく「道義的要請」だという説明が付けられていたのです（『模範六法』判例六法編修委員会編、三省堂、二〇一一年）。

六法全書の注に記載されていた判例は、一九七七年二月十七日に水戸地方裁判所が百里基地訴訟[6]の第一審で下した判決で、99条について「憲法遵守・擁護義務を明示しているが、これは、道義的な要請であり」と法的義務ではないことを明確に示しています。また、一九八一年七月七日には東京高等裁判所が控訴審の判決で「憲法を尊重し擁護すべき旨を宣明したにすぎない」と軽く一蹴しているのです。

憲法全体についての「遵守義務」が、実は「道義的な要請」（同じ意味ですが、一般的には「道徳的要請」という言葉のほうが定着しているようです）であるのなら、個別の義務も当然「道徳的要請」になるのが論理的な帰結です。となると30条の納税の義務も「道徳的要請」ですので、私たちは、ちょっとやましい気持ちになるかもしれませんが、税金は払わなくていいのです。でも税金を払わなくてもいいという判例はないようですので、憲法を守るかどうかについてはかなり恣意的な解釈が行われていると思わざるをえませんでした。

しかし、「法的義務」を「道徳的要請」と読み換えることは「数学書として読む」立場からはありえません。その点をまず確認しておきたいと思います。

❖ユークリッド幾何学

憲法が公理を述べている文書であると見なした場合、その論理的枠組みや全体像を検証するにあたって、標準的なモデルとしてユークリッド幾何学を採用したいと思います。ユークリッド幾何学は多くの人が知っている公理系ですし、個々の公理も理解しやすいからです。

ユークリッドの原本とは違いますし、ヒルベルトによる定式化とも違いますが、分かりやすいという点から、ユークリッド幾何学の「公理」を次の五つにまとめておきます（芳沢光雄著『新体系　中学数学の教科書（上）』講談社ブルーバックス、二〇一二年、一九六頁参照）。

公理１　相異なる任意の二点に対し、それらを通る直線は、一本だけ引くことができる。
公理２　与えられた線分は延長して、直線にできる。

●６　百里基地訴訟とは、芦部信喜著『憲法　第六版』（岩波書店、二〇一五年）によると、一九七七年に始まった「茨城県百里航空自衛隊基地の建設に際し、用地の売買契約をめぐって国および二人の私人との間で起こった紛争」である。この裁判のなかで自衛隊の合憲性が問われ、それに関連して99条違反と認められるかどうかの問題提起も行われた。

公理３　任意の点を中心にして、任意の半径の円をえがくことができる。
公理４　すべての直角は等しい。
公理５　直線外の一点を通り、その直線に平行な直線は一本だけである。

❖数学書ならありえない

さて憲法を「数学書」として扱うとして、第一章のおさらいをしておくと、前文から95条までと97条（100条から103条までは憲法施行時の混乱を防ぐための条項なので、省きます）が、公理に相当すると考えられます。上諭、96条、98条、99条は憲法そのものを対象としている条項ですから、メタ公理と位置づけておきます。もちろんユークリッド幾何学にメタ公理はありません。

憲法とできるだけ似た形にするため、ユークリッド幾何学のほうに、99条に相当するようなメタ公理を第６公理として付け加えてみたいと思います。99条の言葉を借りれば

公理６（候補）　これらの公理を尊重しなくてはならない。

が一つの候補になりますが、数学の公理として「尊重する」はあまり意味がありませんので、

公理６　これらの公理と矛盾する公理は認めない。

くらいがいいのではないでしょうか。

さてこの場合、「憲法99条は法的義務というよりは道徳的要請である」に相当する命題はどうなるのでしょうか。「公理6には数学的（あるいは論理的）な意味はなく、美的願望である」ではどうでしょうか。これを、数学の研究や教育について大きな影響力を持つ、たとえばわが国最大の数学者集団である日本数学会のような組織が公式見解として採用することなど考えられないでしょう。

このような解釈を仮に採用したとすれば、公理6の存在そのものを否定するだけでなく、その前の公理1から5までの意味もなくなってしまうわけですから、数学そのものの否定になってしまいます。数学書の場合なら数学そのものを破壊する主張であり、憲法の場合は憲法の存在そのものの否定になってしまいます。

実は、それ以前の問題があるのです。「義務」と「要請」とでは意味が違いますが、「義務」のほうは強制力があり「要請」はお願いですから、強制力はないか、あっても「義務」よりは弱いと考えられます。「義務を負ふ」という表現を「要請する」に変えた場合、強制の度合いが弱まるため、それは憲法に書かれている言葉を尊重したり、擁護したことにはなりません。もともとの規定を弱めることは、通常、貶めるとか軽んずるという言葉で表現される行為の範疇に入り、「尊重」あるいは「擁護」を否定していると考えられるのです。つまり、99条を「道徳的要請」だと解釈すること自体、尊重と擁護を義務として課している99条違反です。そして第一章の言葉を使えば、「希釈禁止律」違反です。

もう一点、指摘しておかなくてはならないことがあります。99条によって憲法の遵守義務を負わされている裁判官が、その義務について、「いや自分が負わされているのは義務ではなく要請だ」と判断すること自体、法的に問題があるばかりではなく、道徳的にも問題です。これは、法律的には被告が裁判官になって判決を下すのと同じくらい、おかしなことですから——。

しかしながら、これまでの裁判による判例では、「道徳的要請」が認められてきました。佐藤幸治著の『日本国憲法論』（成文堂刊・以下佐藤書と略します）によると、最高裁の判決に「先例拘束性の原理」（＝先例に必ず従えというルール）が採用されているとのことですから、「道徳的要請」の影響力は大きいのです。そのことが現在の政治にも大きな影を投げかけていることをもっと重大視すべきなのではないでしょうか。

再度繰り返すと、数学の場合に「公理6」を否定することは、数学そのものを破壊するほど重大なレッドカードです。憲法99条を「法的義務ではなく道徳的要請」だと解釈することも、それと同じくらい大きな影響を憲法だけではなく、立憲主義、法の支配といった根本的な原理にさえもたらしてしまっています。99条の「法的義務」を、憲法のなかでも最大の重みのある義務として再生させることこそ、現在の政治の危機を救う上でも、重要なことなのではないでしょうか。

❖99条解釈についての三つの学説

しかし、少し安心したのは、「道徳的要請」という解釈以外の学説もあることです。たとえば、一九四七年に出版され、一九五五年に増補版が出た、美濃部達吉著・宮澤俊義増補『新憲法逐条解説』（日本評論社。以下美濃部・宮澤書と略します）では、次のように「義務」の意味を説いています。99条が「法的義務」であることを認めていると読んでいいのではないでしょうか。

憲法は国の最高法規としてすべての国法の基本たるものであるから、上は天皇をはじめ、下は地方吏員・警察官・行刑官にいたるまで、いやしくも憲法執行の任に当る者は、これを尊重し擁護すべき義務あることは当然である。

また、法学館憲法研究所の『日本国憲法の逐条解説』（オンライン、URLは http://www.jicl.jp/old/itou/chikujyou.html　伊藤真氏が執筆しているので以下伊藤解説と略します）では、次のような言い回しで99条が「法的義務」であることを認めています。

およそ近代立憲主義の憲法は、国家権力を制限して個人の人権を保障する法です。したがって、憲法を守る義務を負うのは国民ではなく、権力を行使する公務員です。本条にあえて国民を含めなかったのは、国民こそが憲法制定権者であり、憲法を守る側ではなく守らせる側にいることを明確に示したものといえます。

憲法を尊重し擁護する義務とは、単に憲法違反をしないことではなく、憲法違反行為を予防し、これに抵抗し憲法を守るために積極的に努力することを意味します。（中略）政治家による99条違反に対しては、罰則などが設けられているわけではありません。あくまでも憲法制定権者であり主権者たる国民が選挙を通じて監視し統制することが求められているのです。

このエントリーは二〇〇八年二月二十五日に書かれていますので、**美濃部・宮澤書**の刊行時には存在しなかった百里基地裁判の判決も視野に入れているのかもしれませんが、その他の概説書では、ほぼ同じように、次に紹介するような考え方が示されています。したがって、それが現在多くの学者が認めている「定説」だと考えてよさそうです。

たとえば、**佐藤書**等にも解説がありますが、類書のなかで一番分かりやすかった概説書、星野安三郎・小林孝輔監修の『口語 憲法（改訂増補版）』の三〇八ページから三一〇ページを要約しておきます。以下**星野・小林書**と略しますが、そこでは、99条の法的性質についての三つの学説を紹介しています。

一つは、「法的義務ではなく道徳的要請」であるというものです。二つ目は、「積極的に憲法を尊重擁護する作為については道徳的義務ないし政治的義務にすぎないが、最小限憲法破壊は行わないという不作為義務は法的義務とする」。三つ目は、「抵抗権が実定法に制度化されているという前提に立ち、違憲の立法、司法、行政に対しそれぞれの公務員は抵抗し、あるいは違憲の職務命令に対し抵抗すべき職責の義務規定が99条であるとする。当該義務は、最高法規たる憲法を根拠とし直接法的効力を有するから、法律レベルでこの趣旨は覆せないとする」。

さて、「本条にあえて国民を含めなかったのは、国民こそが憲法制定権者であり、憲法を守る側ではなく守らせる側にいることを明確に示したものといえます」と規定されている国民の側に立って、これら三つの学説から何かポジティブなものを引き出すことは可能でしょうか。たとえば、これら三つの学説のどれかが、広範な世論の支持を受けて、解釈改憲といった違憲状態を元に戻すためのエネルギーを創り出せないものでしょうか。そんな視点から、三つの学説のメリットについて考えてみます。

99条に明示的に書かれている「尊重」と「擁護」については、三説とも一〇〇パーセントの法的義務とは捉えていないのですからもちろん期待はできませんが、「反面教師」としてでも何らかのヒントが得られるかもしれません。

一つ目は「道徳的要請」との主張ですので、これは問題外です。

二つ目の「積極的に憲法を尊重擁護する作為については道徳的義務ないし政治的義務にすぎない」という解釈もまた、99条に明示的に示されている「尊重」そして「擁護」について、真っ向から条文の意味を否定しています。それでも、「最小限憲法破壊は行わないという不作為義務は法的義務」だということなので、閣議決定によって解釈改憲をするという「破壊行為」については、逆に法的義務違反として立件する上での根拠になるのかもしれません。

しかし、「破壊」という厳しい条件では役に立ちそうもありません。「解釈」改憲は、憲法の「尊重」だと太鼓判は押せないけれども、「破壊」とまでは言えない、つまりグレー・ゾーンに属している案件だといった「逃げ道」が登場しそうです。この学説の線をたどるにしても、せめて本書の立場の「希釈禁止律」つまり、憲法本来の意味を薄めることは許さないというところまで踏み込んでほしいところです。

三つ目の、「違憲の立法、司法、行政に対しそれぞれの公務員は抵抗し、あるいは違憲の職務命令に対し抵抗すべき職責の義務規定が99条である」という内容ですが、「トカゲのしっぽ切り」のような印象を受けてしまいました。たとえば、大権力の行使者である内閣が違憲行為を行うこと自体には口を閉ざして、それを部下たちに押し付けてようやく、「違憲」という判断が出てくるのですから。

とはいえ、これでも違憲の解釈改憲に対して力があるのかもしれません。解釈改憲の結果、関連法案を国会に提出したり、その後のさまざまな手続きをしなくてはならない、狭義の公務員は数多くいます。その人たちが、違憲行為を阻止すべく抵抗したり、自分に与えられた仕事を拒否したりすることは認められる、という趣旨だと思いますが、それに実効性があれば、そう言っていいのかもしれません。

仮に、良識あるお役人が職務拒否をしたとしましょう。それに対して、権力側に立つ上司としては配置転換をして別の職員にその仕事をさせればいいだけですから、実際には効果がないと考えたほうがよさそうです。配置転換の理由も作ればいくらでもありますので、裁判を起こして勝つことはかなり難しいでしょう。そして、実効性のない抵抗なら、別に憲法に認められていなくても、法律的根拠がなくても、自分の判断で「嫌だ」と言えば済む話なのではないでしょうか。

結論として、「道徳的要請」以外の学説もあるにしろ、実質的な効果という点からは「道徳的要請」の場合と結果はほとんど変わらない上に、99条の意味を再生させるにはあまり役立ちそうもありません。

非常に残念なことではありますが、今の日本社会では、99条は「道徳的要請」としての存在意義しか持たないと認めざるをえないように思えます。

❖99条の解釈では天皇の存在が無視されている

星野・小林書が紹介している三つの見解についてはもう一つ、大きな問題があります。天皇の憲法遵守義務が無視されているように読めることです。実はこの点だけから考えても、三つの学説は失格です。

どのような見解や学説であっても、憲法中ただ一か所、明示的に天皇に課されている義務について、これを無視してしまって解釈を行うのは乱暴すぎるのではないかと思います。なぜなら、天皇の地位は、第1条によって「国民の総意に」基づいているのです。その天皇に対して義務を負わせる力のあるのは、絶対的な意味を持つ「国民の総意」以外にはありえません。つまり、憲法99条には明示されていませんが、論理的には「国民の総意」によると明示されているのと同じ力を持っているのです。それほどの重みを持つ条文を、「道徳的要請」としか捉えないのでは、それこそ鼎《かなえ》の軽重を問われても仕方がないのではないでしょうか。同じことですが、第三章で示したように99条は「改正不可条項」です。それほど重要な位置づけがなされている条文の意味を希釈してしまっていいとはとても思えないのですが、いかがでしょうか。

その視点から、二〇一八年十一月二十二日に行われた秋篠宮の記者会見には、大きな意味がありました（宮内庁ホームページ http://www.kunaicho.go.jp/page/kaiken/show/23　二〇一九年五月十九日閲覧）。信教分離の原則から大嘗祭《だいじょうさい》に国費を使うことには問題があるのではないかと宮内庁に問題提起をしたのに、宮内庁は聞く耳を持たなかったという説明が特に大切です。解釈改憲や森友・加計といった問題では、抵抗権行使に至らなかったように報道されている公務員とは対照的に、天皇・摂政と一体の関係にある皇族が、まさに抵抗権の行使とも見られる行動を取っていたということなのです。そして、「政治的発言」だからけしからんといった一部の批判はまったく的外れです。99条を素直に義務として読んだ上での憲法遵守義務の遂行なのですから。

このように、99条の遵守義務を文字通り実践している生きたお手本がいるのですから、99条の「義務」は、特に公務員にとっても義務であると解釈すべきでしょう。

❖「法的措置」は「義務」の必要要件か

それでは、なぜ「義務」がその通りの意味である義務を意味しなくなってしまったのでしょうか。三つの学説の中に答えはあるのですが、法律の世界における「義務」の定義から、二つの構成要件が浮び上がりました。一般的で便利な定義がウィキペディアに掲載されているため、そこから「法的義務」の項目を引用します。

法的義務は、法令に基づくか、一方の当事者の正当な権利行使に基づいて生じる。私法上の義務の履行は、原則的に、任意にされるべきであるが、履行がなされない場合に備えて、強制的実現を図る手続がある（強制執行）。刑法に違反した場合には、国家による制裁（刑罰）が予定されている。その他、行政上の取締りを実効的にするために、行政法上の義務違反に対して科される行政刑罰もある。

すなわち、「法的義務違反をした場合には制裁が科せられなくてはならない」という大原則があり、その対偶命題である、「制裁を科せられない、あるいは科すことができない場合には法的義務ではない」、という基準に従って法的義務を考えてきた背景が問題なのです。

さらに、制裁を加えることに力点が置かれている結果だと思いますが、法曹界の見解では、99条について、「実行化を達成する立法措置を図る」までは、法的義務ではないと考える傾向があるらしいのです。三つ目の学説もそれを前提にしていますし、31条の規定では、法的措置がなければ制裁は加えられませんので、それが根拠になっているのだろうと思います。この点もあわせて考えると、「制裁」も「法的措置」の一部と考えられますから、以下、「法的措置」に含めます。

そしてここで確認したいのは、「数学書として読む」立場に基づくならば、次の命題、

（Z）実効的な立法措置（制裁を含む）が存在しないから義務ではない。

は順序が逆だということです。「数学書として読む」立場で99条を解釈すれば、まず「義務」が公理と

しての力を持ちます。その公理としての義務を果たさせるためのさまざまな措置の可能性の中に制裁その他の立法措置もあり、いわば、「定理」的な位置づけで、これらの措置が実現されてゆくのです。それが論理的な流れです。

実は、それ以前の問題として、命題（Z）は論理的矛盾を抱えています。そもそも、99条の「憲法遵守義務」を「義務」として認めてもらうためには「立法措置」が必要だとすると、循環論法に陥ってしまうのです。最初に、遵守義務が法的義務かどうかは分からない状態だったとしましょう。より具体的に、たとえば「憲法は守りましょうね」という奨励の意味はあっても法的義務かどうかについての判定はこれからなされる、という段階です。そんな前提のもとでは、「違憲」を理由に制裁を加える法律を制定するための法的根拠にならないことは、お分かりだと思います。つまり、命題（Z）は、99条が義務であるかどうかの判定基準としては使えないのです。これで、命題（Z）に対する反論になっているはずです。

すなわち、法的根拠がないから義務ではないという命題は葬り去られたのです。「義務」は義務なのです。

しかし、ここでは「法的措置」の意味を狭く取りすぎたかもしれません。「法的措置」とは「立法措置」、すなわち、立法によって通常の法律が存在することと考えてきたのですが、憲法内の「義務」についての「法的措置」とは、「数学書として読む」立場からは、憲法の条文によるものだと考えなくてはなりません。

となると、憲法の条文として立派に存在する包括的な「法的措置」の根拠に注目すべきです。憲法81条です。憲法についての疑問は、憲法違反の場合も含めて、最終的に最高裁判所が判定できることになっているからです。これは、「義務」という単語が使われている26条、27条、30条、そして99条すべてに適用されます。99条違反についても、最高裁が判断するという形で何ら問題は生じないはずなのです。つまり仮に、「法的義務」であるためには法的措置の存在が必要だという条件を認めたとしても、その条件は満たされているのです。結論としては、99条を法的義務と読んで何ら問題はありません。

最後に駄目押しです。同じく「義務」という単語が使われている26条と30条については、素直に「義務」であると認められているという事実です。しかし、憲法内には、これらの二つの条項について特別に「法的措置」や「制裁」の根拠が明示的に示されているわけではありません。その点では、27条、そして99条との間にまったく差はありません。つまり、26条と30条で使われている「義務」が「法的義務」なら、27条と99条で使われている「義務」も「法的義務」でなくてはおかしいのです。そして81条が、これらすべての条文に平等に適用されなくてはならないことも前段で指摘した通りです。

憲法が存在する以上、違反を取り締まる立法措置があってもなくても、違反はありえます。違反をしてはいけないと決めておくことは、合理的であり、かつ常識としても何ら問題はないはずです。そして、憲法を守らなくてはならないという義務への固い決意があれば、遵守を促すような対応策を練り、違反した場合にはそれに対応する措置を、それ相応の時間のうちに取る手続きにつながるのではないでしょうか。その「対応する措置」としては「原状回復」がありえることを、一つの可能性として提案しておきます。

❖「原状回復」の大切さ

以上、「義務」を義務と読むことの合理性についてお伝えできたと思いますが、最後に、それに関連して、「制裁」とともに重視されるべき「原状回復」について説明しておきます。

本書のスタンスは、使われている言葉はその通りに読むのですから、仮に制裁や罰則が伴っていなくても「義務」は義務と読むという立場です。したがって、「原状回復」が伴わなければ義務としては認めないという立場は当然取りませんし、論理的にも「原状回復」の存在は必要ではありません。しかしながら、「義務」を義務たらしめる上での何らかの縛りがどうしても必要なのであれば、「原状回復」というメカニズムがその役割を果たせるのでないかという提案としてお読みください。

それは、仮に制裁が科せられていなくても、「原状回復」への道が示されていることで、十分「義務」として法的な力を持たせる根拠にはなるのではないかと考えられるからです。

この点を強調するために、「原状回復」によって、それなりの社会秩序が保たれうることを具体的な事例で示しておきましょう。

仮に市民Aが交通法規に従って車を運転していたにもかかわらず、たまたま機嫌の悪かった警官が、事実無根の「制限速度オーバー」のチケットを切って、A氏に罰金請求が届いたとしましょう。現実的な想定ではないかもしれませんが、思考実験としてお付き合いください。この警察官の行動は法律違反ですから、それが立証された時点で何らかの対応がなされることになります。その際、市民Aにとってまず必要なのは、「チケットは無効だから、罰金は払わなくていい」という判断とその実現を図るメカニズムです。つまり原状回復です。もし罰金を払ってしまったのなら、それを迅速に返してもらえるメカニズムがまず必要なのです。違法な行動によって無効な結果を作り出した公務員に罰を加えるなりその他の処分を行ったり、市民Aが逸失利益の補償を求めたりするのは、その後で十分なのではないでしょうか。

第七章　憲法の規定する勤労の義務

▼働くことは生きること

chapter 7

❖99条は「法的義務」だが

前章では第99条に注目して、字義通り素直に読めば、「義務」は法的義務でしかありえないことを説明しました。にもかかわらず、法律の専門家である裁判官が、百里基地訴訟についての判決で「道義的要請」であると判断したり、法的義務ではなく憲法を擁護したり尊重したりすべき旨を「宣明」したにすぎない、と考えたのには理由があるはずです。

前章では、その理由が、義務に違反した場合の「制裁」の存否、そして制裁を加えるための「法的措置」の存否にあるという前提で、さらなる考察をしましたが、その結果を踏まえても、99条を「義務」と読んでまったく問題のないことを示しました。

本章では、99条が「法的義務」として捉えられていないのには、別の理由もあるのではないかという疑問から出発します。鍵は27条です。「義務」という単語が明示的に使われている憲法の四つの条文のなかで、通説・定説では、99条とともに、その「義務」が義務とは読まれていないもう一つの条文です。だから99条も同様に義務ではない、と強弁する上での状況証拠として、また心理的な補強として使われていてもおかしくないケースです。

「憲法マジック」の典型例の一つなのですが、実は27条にはそれ以上の問題があります。第1項を文字通りに解釈すると、その結果として常識との乖離が生じてしまうのです。

九大律のうちの⑦**矛盾解消律**で述べたように、憲法には一見、論理的に矛盾する内容が含まれており、27条もそのうちの一つです。しかし、27条が特別なのは、これまで取り上げてきたような異なった二つの条文の間の矛盾ではなく、27条中の第1項そのものに矛盾があるということなのです。

❖憲法27条の抱える矛盾

その矛盾を解消するために、権利や自由を守るための不断の努力を国民に求めている12条や、健康で文化的生活を保障している25条、教育を受けさせる義務を規定している26条等も参照しながら27条の「勤労の義務」を分析してみましょう。

まず、27条を再掲します。

第27条　すべて国民は、勤労の権利を有し、義務を負ふ。

2　賃金、就業時間、休息その他の勤労条件に関する基準は、法律でこれを定める。
3　児童は、これを酷使してはならない。

第3項は、1項や2項の解釈には直接関係しませんから、ここでは、1項と2項だけを対象に検討します。

27条の解釈を複雑にしているのは、「勤労」という言葉がどの範囲を指しているのか、そして第2項に現れる「勤労条件」をどう解釈するのかに関わるため、まずは、「勤労」の辞書的意味から復習しておきましょう。三省堂の『大辞林』では次のように定義しています。

①心身を働かせて仕事に励むこと。「国事に——し給へるにあらず／日本開化小史」
②報酬を得て、定められた仕事をすること。労働。「——意欲」

多くの憲法解説書では27条の解説にあたって、②の定義を採用しているようです。また「労働」と同じだと捉えているケースがほとんどです。その「労働」の定義は、これも『大辞林』によると、「からだを使って働くこと。特に賃金や報酬を得るために働くこと。また、一般に働くこと。「八時間——する」「肉体——」」ですが、こちらのほうが、賃金や報酬の存在を特別なケースとして扱っている点から、感覚的には受け入れやすい気がします。今後の議論のために、賃金や報酬を得るために働くことを「狭義の勤労」と呼び、一般的に働くことを「広義の勤労」と呼ぶことにします。そして本章では、後に示すように、「勤労」の意味をそれ以上に「広義」に解釈します。それを「超広義」と呼びたいと思いますが、その方向で矛盾の解消を図ります。

さて一般的に受け入れられている27条の解釈ですが、佐藤書では、27条第1項を「精神史的文脈で理解されるべき」だと述べていますし、「義務の宣明」だとも表現しています。また星野・小林書でも、「具体的な法律上の義務ではない」という立場です。

さらに、『世界大百科事典』（平凡社）の第二版では「労働することを法律で強制することは特別の場合を除き憲法で禁止されている（18条）。そこで労働の義務とは国民が憲法で保障された権利を保持する責任があること（12条）を再確認したものであると同時に、人はすべからく働くべきであるという一種の精神規定と解される」と解説しています。また慶應義塾大学の太田聰一教授は「『義務』といっても、働いていないからといって人々は処罰を受けたりはしないし、強制的な労働が憲法の他の部分で禁じられている（第十八条）ことからしても、あくまで倫理的な規定であることがわかる」と解説しています（慶應義塾大学通信教育課程のウェブページ https://www.tsushin.keio.ac.jp/column/entry/000176.html 二〇一九年五月十八日閲覧。また『三色旗』二〇一五年六月号に掲載）。

これだけではなく、27条については不要論もあるようです。太田教授によると、「この憲法の規定を不要なものとみなす研究者もいる。その理由のひとつとして、遺産などの不労所得で暮らしている人々にとって侮蔑的だ、というものがある。また、納税の義務さえきちんと果たしているならば十分であり、勤労にも義務を求めるのは行き過ぎだという考え方もある」ということです。

このように、通常の解釈を採用しても完全には矛盾が解消されていないのですが、その点をより明確にするために、27条そのものの問題点を整理しておきましょう。

まず、27条の「義務」は国民すべてに課せられるのですが、「狭義の勤労」だと、国民すべてにかなり限定された職業に従事することを強制する結果になります。子どもや高齢者にも報酬の生じる仕事をさせることは無理です。仮に義務を課する範囲を狭めて成人だけにした場合でも、特定の仕事の強制は、18条違反になるという点が問題です。さらに、「広義の勤労」の場合を考えても、たとえば不労所得のある人にまで、あるいは病気等で通常の働きはできない人や子ども・お年寄りにまで、通常の意味での「働かなくてはならない」という義務を課すことは無理だったり意味が認められなかったりするのではないかという問題です。

つまり、27条で問題になっているのは、まず、「義務」の対象がすべての国民であるはずなのに、そう解釈すると無理が生ずることですし、仮に対象を狭めたとしても、勤労を「義務」として課すことには問題がある、さらには「広義」に解釈してもまだ問題は解消されないという三つになります。

これが、そもそも27条のはらんでいる内在的矛盾なのですが、その解消のために、「義務」を文字通りに義務とは読まずに、「宣明」とか「精神史的文脈」、あるいは「精神規定」と読む、という解決策が多くの専門家によって採用されています。これを解消法「A」と名付けておきます。

ここで、通常の解釈ではあまり強調されていない、重要なポイントを指摘しておきたいと思います。

それは、「宣明」や「精神史的文脈」、そして「精神規定」という解釈をする立場を取ることの帰結として、「勤労」という言葉の意味がかなり甘い基準で吟味されているように見えることです。

つまり、27条の「すべて国民は、勤労の義務を負ふ」の部分は「精神規定」になってしまったのですから、それには法的な意味がなくなります。となると、この文章の中の「勤労」の意味まで、憲法研究の一環として厳密に追及しなくてもいいことになります。その結果だと思いますが、『世界大百科事典』の説明中の「人はすべからく働くべきである」の中の「働く」という動詞の意味にまで十分に目が届いていないような気がします。そしてその意味をあらためて厳密に問うと、27条の持つ矛盾がそのままこの説明に持ち越されてしまっていることに気づくはずです。「すべからく」を生かすのなら、「広義の勤労」では不十分であり、「働く」の意味は「超広義」にならざるをえないのです。

本論に戻って、本章で提案しているのは、解消法「A」とは対照的に、「義務」は義務と読みながら、「勤労」の意味を広げて考えることです。この解消法を「B」と呼びましょう。どう広げるのかは以下、説明しますが、ここで皆さんに考えていただきたいのは、「A」の解消法と「B」の解消法とを比較して、どちらのほうが矛盾度をより低くしているのか、そして憲法の趣旨をよりよく反映しているのかという点です。

私は「B」のほうがこの双方において優れていると思うのですが、一つには、仮に「A」案を採用して「義務」を義務とは読まないとしても、ここで指摘したように、「勤労」という単語の意味についての矛盾は解消されないからです。たとえば、不労所得のある人に、あるいは通常の意味で働く能力のない人に、「義務」ではないにしろ、「勤労」を奨励する姿勢はそのままだからです。この点については、太田教授の指摘、「遺産などの不労所得で暮らしている人々にとって侮蔑的だ」が鋭く突いている通りです。

さらに「A」案では、「義務」が義務ではなくなってしまい、99条の「義務」までがその意味を薄められるという大きな影響が出ることも問題です。これは、**希釈禁止律**に反することになります。

対して、「B」案の場合には、「勤労」という単語の意味が広がることから、現代の社会における「働く」という行為の意味が出発点になって、人間の生きる意味が明らかになるという効用があります。「A」案でも、「勤労」の意味はその通りには解釈されず、曖昧になっていたのですから、それがもう少し拡張解釈されても、そのことだけで憲法全体が大きなマイナスの影響を受けることはないと考えられます。

それ以上に大切なのが、「義務」を義務と読むことで、憲法で使われている「義務」のすべてが同じ意味を持ち、特に99条がそのまま法的義務であることが確認される点です。憲法遵守という大義を考えると、それ以上の効用を期待することはできないくらい大きな意味があるのではないでしょうか。

❖「勤労の義務」と「勤労条件」

ここまで、27条の1項だけに注目して「勤労の義務」を考えてきましたが、第2項との関連も重要です。「賃金、就業時間、休息その他の勤労条件に関する基準は、法律でこれを定める」という規定です。

ここでの「勤労」の意味を「狭義の勤労」だと限定すると、これは、「勤労の義務」を次節で説明するように「超広義」に「生き続ける義務」であると解釈することとは矛盾します。次に、この点について論じておきましょう。

詳細は次節以下の議論をお読みいただきたいのですが、「勤労」のもともとの意味を「超広義」に捉えると、その結果として「勤労」と「生命」との関係に行き着きます。しかし、27条第2項には、「賃金、就業時間、休息その他の」という「限定」があるため、「勤労」の意味がかなり狭められているように読めます。つまり、雇用主と被雇用者の間に契約関係があり、被雇用者は労働の対価として賃金を得るという形に「限定」していると読める記述です。しかし、本書では、「賃金、就業時間、休息その他」は「勤労」の意味を限定しているのではなく、あくまで「例示」だと読んでいます。

その理由は、現実には、ここに例示されているものの他にも多くの「勤労条件」があるからです。賃金労働の場合でも、賃金、就業時間や休息の他にも、退職とか就業場所、安全の確保等、第2項では明示されていなくても重要な条件があります。もう少し視野を広げて、賃金ではない報酬を得る労働について考えても、たとえば商取引についての法律などによって定められるべき条件が存在します。

「勤労」の「超広義」の意味である「生き続ける」という行為においても、そのために必要な諸条件を法律で決めることは基本的人権の観点からも必要ですし、そのことには特に問題はありません。たとえば、憲法の25条や26条ではそのために必要なことを規定しています。

「勤労条件」にはこうしたさまざまな可能性があるのですが、賃金労働者の数が多いこと、またこれらの労働者の「勤労条件」がしばしば蹂躙されることから、特に強調して彼ら・彼女らの権利を守る必要があるという認識の下、このような例示が行われていると解釈することは合理的なのではないでしょうか。

つまり、27条第2項の「賃金、就業時間、休息その他の勤労条件」を読む際に、「賃金、就業時間、休息その他の」というフレーズは「勤労」という単語の意味を限定したり性格づけているのではなく、あくまでも例示的な役割を果たしていることになりますので、矛盾ではないのです。

❖「働く気持ち」

いよいよ27条を正面から取り上げますが、最初に考えたいのは27条の全体像です。それは、「権利と義務」という対概念が使われていることで示されています。あらためて「勤労の権利」と「勤労の義務」の意味、そしてそもそも今の時代に「勤労」が何を意味するのかも考えてみましょう。

出発点は「勤労の意欲」、つまり働きたいという気持ちがあるかどうかです。この「働きたいという気持ち」を略して「働く気持ち」と表現したいと思います。その気持ちがある場合を考えましょう。その気持ちがもとになって「働く権利」を行使することとは、国家に対して働く場所の提供を求めることを意味します。とはいえ、現在の経済システムではすべての仕事を国が管理しているわけではありませんので、私企業の仕事を紹介するといったサービスの提供のほうが実情に合っているかもしれません。

それもどんな仕事でもいいというわけではなく、22条には職業選択の自由が保障されていますし、18

条には「苦役」を強制されないこともうたわれています。28条では労働者の団結権が保証されているなど、「勤労の権利」を守るためのさまざまな措置が取られています。

わが国が国際労働機関（ＩＬＯ）の基本条約八つのうち、「強制労働の廃止」（105号条約）と「雇用と職業における差別待遇の禁止」（111号）の二条約を批准していないこと、また長い間労働者のさまざまな権利が軽視され続けてきているといった課題はありますが、勤労の権利と労働者の権利については、これが憲法に定められた権利であるという事実くらいは社会的に認知されていると言っていいでしょう。

つまり、「働く気持ち」のある人については、完璧とは言えないまでも、勤労の権利を行使して報酬を得たり、社会貢献をしたり、自ら充足感を味わったりできるシステムが用意されていますし、多くの人はこうした社会にそれなりに適応しています。「権利」については憲法解釈上の大きな問題はないと結論していいようです。ただし、最近とみに明らかになってきているさまざまなレベルでの労働者の権利の侵害は、憲法解釈の問題としてではなく、生身の政治の深刻な課題として認識した上で、対応策を考えなくてはなりません。

となると、「数学書として読む」立場から次に考えなくてはならないのは、「働く気持ち」のない人、あるいはあっても何らかの理由によって働けない人です。そして、自ら働く気のない人たちに「いや、気持ちがあってもなくても働くことは義務なんだよ」と言っているのが「勤労の義務」の内容だと考えられます。常識的にはここで、「能力を持ちながら」と条件を付けたいのですが、条文には何も書いてありません。ということは能力のあるなしにかかわらず、と解釈しなくてはなりません。

さらに、この義務は、第26条に掲げられている義務教育を受けても「働く気持ち」を持つには至らなかった、あるいは働く能力を持たないという、そもそもの教育の目的が達せられなかった結果に対する処方箋でもあります。念のため、26条を掲げておきます。

第26条　すべて国民は、法律の定めるところにより、その能力に応じて、ひとしく教育を受ける権利を有する。

2　すべて国民は、法律の定めるところにより、その保護する子女に普通教育を受けさせる義務を負ふ。義務教育は、これを無償とする。

教育の目的が達せられなかったため、「働く気持ち」を持たない人たちに対しては、さらなる教育が必要なのかもしれませんし、それと同時に日常的な生活はしなくてはなりませんので、25条で、最低限の生活の保障が規定されています。

❖「勤労」と「社会貢献」

「働く気持ち」について考えてきましたが、これまでは、解消法の「A」説を取る人たちと同じ土俵に乗って、「働く」という単語の意味は分かっているものとして話を進めました。しかし、今という時代の特徴も視野に入れながら、「勤労」とは、あるいは「働く」とはどのようなことを指しているのかをあらためて考えてみましょう。まず、「勤労」あるいは「働く」という行為の結果として、通常私たちは、どのようなことが起こると想定しているでしょうか。

誰の頭にも浮かぶであろうことは、勤労あるいは労働の対価として報酬を受ける、つまり所得があるということでしょう。27条の2項に「賃金」が出てくる理由でもあります。そしてお金があるから税金も払え、生活ができることになります。税金を払うことは、憲法第30条に「国民は、法律の定めるところにより、納税の義務を負ふ」と規定されています。勤労の結果としてのこの側面については30条に任せることにして、その他の結果に限って考えましょう。

「生活」の中には、自分のことだけではなく子どもの教育や親への仕送り等々、家族の生活も含まれます。それ以前に、親や子どもやそれ以外の人々、そして行政に頼らなくても生活できること、つまり経済的に自立することも、勤労の結果として期待されていることの一つでしょう。この点についても後ほど取り上げます。

勤労の結果の第一が、報酬、所得だということが多くの人にとって当たり前だとしても、逆に報酬や所得がなければ「勤労」とは言えないのでしょうか。たとえば、多くの人たち、特に若い世代の人たちが、阪神淡路大震災や東日本大震災後、熱心にボランティア活動を続けていることが新たな社会のあり方を示しています。こうした災害による被災者への支援のみならず、日常的にさまざまな形のボランティア活動をしている人の数はかなりにのぼります。退職後、年金生活に満足せずに社会的な貢献を続けている人も多いようです。その中には地域の民生委員や児童委員のような仕事も含まれます。このように報酬を伴わない形の活動にも「勤労」あるいは「働く」というラベルを付けてもいいのではないでしょうか。その結果として、「充足感」を味わえる、あるいはこうした活動が「生きがい」になっていることが、「勤労」から得られる対価でしょう。

こう考えてくると、今という時代には、「勤労」あるいは「働く」とは社会貢献をすることだと定義していいのではないかと思えるのですが、いかがでしょうか。企業で働くにしろ、企業活動そのものが社会的に認められているのですから、その企業に貢献することを「社会貢献」の範囲に含めても問題はないはずです。その対価として、「生きがい」を得たり「報酬」を受けたりするという図式です。

となると、「勤労意欲」のない人、または「働く気持ち」のない人とは、「社会貢献」をする気のない人と言い換えてもいいでしょう。ただし、意欲のあるなしにかかわらず、常識的な意味での社会貢献のできない人についても、「義務」をどう果たすのかという視点から考えなければなりません。

❖「勤労」＝「生命」

論点を明確にするために、「極限的」なケースを考えてみたいと思います。ご本人が社会貢献をしたいかどうかを私たちが確認できないようなケースです。たとえば、いわゆる「植物状態」にある人がその一例になります。日本脳神経外科学会によると、「植物状態」とは、自力では動けず、食べられず、意味のある言葉をしゃべれない、意思の疎通ができないなどの状態が三カ月以上続く場合と定義していますす。そしてこのような状態は、年間七〇〇〇人にも発生しているとのことです。

27条には何の制限もありませんので、このような人にも「勤労の義務」つまり社会貢献の義務が課せられていると読まなくてはなりません。この場合には、積極的にボランティア活動をするような社会貢献ができないことは明らかですから、「社会貢献」の意味を見直す必要が生じます。その鍵は、誰がどのような行為を「社会貢献」と認定するのかという点です。

報酬の与えられる場合は、報酬の存在そのものが社会貢献の認定になります。たとえば企業の場合だと、企業に対する貢献があると企業が認めるからこそ報酬が支払われているのです。ボランティア活動でも、その活動によって助かっている人がいること、そのような意思表示をする人がいること、あるいは活動そのものが社会的に認知されていること等によって社会貢献の認定が行われます。

「極限的」な場合に戻ると、植物状態にある人の場合、家族あるいは親戚、友人や知人がいたとして、これらの人々にとっては、その人の生きていてくれること自体に意味があるのであれば、それが「社会的貢献」の認定になると考えていいのではないでしょうか。

次にそうではない可能性、たとえば、家族や親戚、友人等がいない天涯孤独の人の場合も考えなくてはなりません。仮にその人が経済的に自立できずに生活保護を受けていたと仮定しましょう。その人が植物状態になった場合、その人が生き続けることに、個人的なつながりから大きな意味を見出す人はいないかもしれません。その場合でも、たとえば、国や自治体が延命措置はしないと決める可能性はあるものの、積極的にその人の命を縮める行為を認めることはありません。憲法13条の「すべて国民は、個人として尊重される」が保障しているからです。消極的にではありますが、その人が生き続けることの意味を認めているのです。それを社会的貢献の認定だと考えることは、論理的には可能です。

これをまとめると、勤労の意味である社会貢献をぎりぎりまで詰めると、人間として生きていることが社会貢献であり、それが勤労の意味だということになります。常識的な解釈を取れば受け入れられないかもしれない結論なのですが、「書いてあることにはすべて意味がある」という読み方からの結論です。

しかし、その読み方からは、もう一つの矛盾が生じてしまいました。「勤労」という言葉の意味が通常とはかなり違ってしまうという、②素読律違反を犯すことになったからです。この点については、すでに解消法「B」の説明として述べていますので、さかのぼってご確認ください。そしてこの読み方をすることによって同時に、「勤労」=「生命」という人間存在の本質が現れたことにも注目したいのです。そのように考えると、憲法がいかに大きく、深い存在なのかが感じられてくるように思います。

さらに、「勤労の義務」とは、生命を維持する義務、その特別な場合としての自殺禁止令になるではありませんか。「屁理屈」だと感じる方が多いとしても、私はこの結論に一種の感動を覚えています。立法趣旨からは遠く離れているかもしれませんし常識的には受け入れられないかもしれませんが、これほど重い哲学的な主張が憲法に内在していたことも、憲法を尊重し擁護するもう一つの理由になるのではないでしょうか。

その点を補強しているもう一つの条文は、憲法12条です。「この憲法が国民に保障する自由及び権利は、国民の不断の努力によつて、これを保持しなければならない」のですが、「国民の不断の努力によって保持しなくてはならない」の意味するところの一つは、国民一人一人が生き続けて、自らの権利を守るための努力をしなくてはならないということです。生き続けることには意味があるのです。

生命を維持する義務や自殺をしない義務が「法的義務」だとすると、義務違反をした場合どうなるのでしょうか。たとえば自殺の場合を考えると、自殺をしてはいけないという義務に反して自らの命を絶った場合、自動的にきわめて大きな「罰」が自殺者にはすでに科せられている、と考えることが可能です。つまり、違反行為があった場合、違反者の価値観とは異なっているかもしれないにせよ、社会通念からすれば、違反者に対して「死」という罰則が与えられたとも考えられるからです。

第五章では、「義務」が義務であるためには「制裁」や「罰」が必要だというわけではなく、「原状回復」のメカニズムがあればいいのではないかと提案しましたが、それとの関連も考えておきましょう。つまり、生命維持や自殺禁止という「義務」については、義務違反をした場合に「原状回復」の可能性はまったくないことが問題ではないでしょうか。それに対する一つの答えとして、この義務が「原状回復」を許さないほど厳しいものであることを示していると考えてはいけないでしょうか。

その意味ではきわめて厳しい「法的義務」として捉えられるという点を強調したいのですが、それ以前の問題として、「生きる」あるいは「死なない」という義務を課された人がその義務を果たせるように、社会全体として、特に公務員としては、最大限の支援をすることも重要です。たとえば教育によって、生命維持に役立つ知識や意識を与えること、予防的な措置によって肉体的・精神的に生命の危機に陥らないような環境を整備するといったことが考えられますし（26条）、生命の維持にとどまらず、最低限の生活を保障するのもその一つです（25条）。

さらに、もう一つの厄介なケースについても考える必要があります。社会通念からは「反社会的」とされるような生き方をどう捉えるのかという問題です。

ここで検討したいのは、働く気がまったくなく、収入もなく、たとえば子どもにたかって生活を維持し、ギャンブルには金を使うような親、あるいは、生活保護を受けながら何らかの方法で遊び暮す人、犯罪によって違法な収入を手にし、それをもとに遊び暮すような人たちです。勤労の義務が生き続ける義務と同じであれば、こういった人たちも勤労の義務を果たしていることになります。そう解釈することは、「勤労」という言葉に対する大いなる侮辱であり、反社会的な行為を奨励することにつながらないでしょうか。それで健全な社会を維持していくことができるのでしょうか。

確かに、社会通念とは違う価値観を持つ人たちが「反社会的」な行為をする可能性は否めません。しかし、仮にその「反社会的」行為が犯罪であるのなら、それは法律によって取り締まられます。犯罪ではない場合、道徳的な規律を法律によって強制することはできません。それは教育によって、あるいは予防的な措置を充実させることで解決する範疇に属するのではないでしょうか。

さらに、悪用されることで「反社会的」行為を奨励することになりかねないのは、「勤労」＝「生命」という解釈だけではありません。健康で文化的な最低生活を保障している憲法25条もあります。読み方によってはこちらのほうが悪用される可能性が高いとも考えられます。だから、27条の解釈も許されるというのではなく、法律によって規制できる反社会的な行為には限界のあることを両者とも示しているのではないでしょうか。

かくして、「勤労の義務」＝「生きる義務」と解釈して問題のないことが確認できました。ですから、99条の場合にも、堂々と「法的義務」であることを認めましょう。そして、99条では、憲法を遵守しなくてはならない人たちの最初に天皇を挙げているのです。

第Ⅳ部
憲法と天皇

第一章　天皇

第一條　天皇は、日本國の象徴であり日本國民統合の象徴であつて、この地位は、主權の存する日本國民の總意に基く。

第二條　皇位は、世襲のものであつて、國會の議決した皇室典範の定めるところにより、これを繼承する。

第三條　天皇の國事に關するすべての行爲には、内閣の助言と承認を必要とし、内閣が、その責任を負ふ。

第四條　天皇は、この憲法……行ひ、國政に關する權能を有しない。

天皇は、法律……任することができる。

第五條　皇室典……皇の名でその國事に關

chapter 8

第八章　国民の総意と天皇

▼憲法遵守義務の重さ

❖憲法第一章　天皇

憲法遵守義務を負う地位のトップに掲げられている天皇ですが、本章では、憲法における天皇の位置づけをおさらいします。天皇を国家元首にすべきだと考える立場、天皇制に反対する立場等の政治的立場を離れて、「数学書として憲法を読む」とどのような位置づけになるのかをあらためて確認することが目的です。

さて、はしがき以下、最初の部分で触れましたが、本書の出発点はかつてのタフツ大学の同僚I教授からの質問でした。それは、「天皇にはそもそも日本国民としての人権が保障されているのか」でした。この問いのなかで最初に確認しなくてはならないのは、天皇が法的に日本国民なのかどうかという点です。

疑問をそのままにしてはいけませんので、「天皇は日本国民か」の答えを探しました。まず憲法10条では、国民としての要件は法律で決めることになっています。

第10条　日本国民たる要件は、法律でこれを定める。

その法律は国籍法です。その第二条に次の規定があります。

第二条　子は、次の場合には、日本国民とする。
一　出生の時に父又は母が日本国民であるとき。
二　出生前に死亡した父が死亡の時に日本国民であったとき。
三　日本で生まれた場合において、父母がともに知れないとき、又は国籍を有しないとき。

出発点は昭和天皇です。昭和天皇あるいは皇后が日本国民であれば、第一項が適用されます。仮に、日本国民かどうかが判明しなくても、国籍はあるかないかのどちらかです。つまり、昭和天皇・皇后ともに国籍を持つか、二人とも持たないかのどちらかですので、持つ場合には第一項によって、そうでない場合は第三項によって、先の天皇は日本国民です。そして、先の天皇が日本国民ですから、現在の天皇も日本国民であることは保証されています。

これで一件落着ならいいのですが、拙著『夜明けを待つ政治の季節に』から抜粋した序章では、天皇が日本国民ではあっても（あるいは仮にそうではないとしても）、国民としての権利が十分に認められていないことを問題にしました。これは、憲法が抱えている大きな矛盾の一つです。その解消のためにはどんな可能性があるのか、「数学書として読む」立場から考えてみたい点ですが、本書で取り上げるにはスペースが足りません。この点については機会をあらためて論じたいと思います。

さて、アメリカ人のI教授の疑問から新たな視点で天皇制について考えるようになっただけでなく、もう一人の友人、武田文彦氏からも多くのことを学びました。その一つは現在の憲法において、一番最初に現れる文字は何かというものです。答えは「朕」です。天皇が自らを呼ぶときに使う言葉ですが、ここから天皇についての論考を始めましょう。[7]

日本国憲法は明治憲法を改正した形を取っていますので、その発議をしたのは当然天皇です。議会における審議の結果、改正案が固まり、その結論を公布するのも天皇だったのです。ですから、明治憲法と同じように、「上諭」つまり公布にあたっての天皇の言葉が一番初めに来ています。また明治憲法では、上諭の前に告文と憲法発布勅語と呼ばれる部分があります。告文には宗教的色合いもありますので省略して、現行憲法の勅語は次の通りです。それは憲法の中には含まれていないため、ここでは参考までに掲げます（参議院憲法審査会ホームページ http://www.kenpoushinsa.sangiin.go.jp/kenpou/houkokusyo/houkoku/11_00.html 二〇一九年五月十九日閲覧）。

日本国憲法公布記念式典（国会）において賜わった勅語（一九四六年十一月三日）

本日、日本国憲法を公布せしめた。この憲法は、帝国憲法を全面的に改正したものであって、国家再建の基礎を人類普遍の原理に求め、自由に表明された国民の総意によって確定されたのである。即ち、日本国民は、みずから進んで戦争を放棄し、全世界に、正義と秩序を基調とする永遠の平和が実現することを念願し、常に基本的人権を尊重し、民主主義に基いて国政を運営することを、ここに、明らかに定めたのである。

朕《ちん》は、国民と共に、全力をあげ、相携《あいたずさ》へて、この憲法を正しく運用し、節度と責任とを重んじ、自由と平和とを愛する文化国家を建設するやうに努めたいと思ふ。

次に現行憲法の「上諭」は次の通りです。これは、憲法の一番最初の部分です。

朕は、日本国民の総意に基いて、新日本建設の礎が、定まるに至つたことを、深くよろこび、枢密顧問の諮詢及び帝国憲法第七十三条による帝国議会の議決を経た帝国憲法の改正を裁可し、ここに

●7　本書と目的や姿勢は違っていますが、武田氏の著書『赤ペンを持って「憲法」を読もう』（かんき出版刊、二〇〇四年）はとても面白い内容ですし、通常の憲法論とはずいぶん違った視点からの問題提起は刺激的です。お勧めします。

これを公布せしめる。

ここで言及されている明治憲法の73条も掲げておきましょう。

第七十三條　將來此ノ憲法ノ條項ヲ改正スルノ必要アルトキハ勅命ヲ以テ議案ヲ帝國議會ノ議ニ付スヘシ
　此ノ場合ニ於テ兩議院ハ各〻其ノ總員三分ノ二以上出席スルニ非サレハ議事ヲ開クコトヲ得ス出席議員三分ノ二以上ノ多數ヲ得ルニ非サレハ改正ノ議決ヲ爲スコトヲ得ス

この手続きに従っての改正ですから、改正の発議は天皇が行い、帝国議会の両院でそれぞれ三分の二以上の賛成で可決された結果が現憲法だということになります。

❖上諭の意味

さて上諭に戻って、四つの大切な点を指摘しておきましょう。第一に、上諭は内容的には「メタ憲法」なのです。第一章で説明しましたが、これは、憲法を外側から見て、対象としての憲法について述べている言葉です。だからといってその重さが減るわけではありませんが、99条も同じく「メタ憲法」であることと共通していますので、一言注釈を付けておきました。

二つ目は、天皇が誰であるかが確定されています。つまり、明治憲法によって天皇として定められていた人物が、そのまま天皇であり続けるということです。憲法が抜本的に変わるという大変革の舞台で、その中心人物の一人である天皇が、憲法上の位置づけは変わっても、そのまま継投することを確認しておくことは大切です。

三つ目は、すでに述べましたが、現憲法は欽定憲法であるということです。欽定憲法だった明治憲法を明治憲法の規定に従って改正しただけなのですから。現憲法は「押しつけ憲法」だから改正せよという意見もありますが、押し付けであろうとなかろうと、形式的には欽定憲法なのです。

第四の点は、憲法の構成上とても重い意味を持ちます。それは、憲法改正の発議は天皇が行ったとしても、この憲法そのものの存在を正当化しているのは「国民の総意」だという点です。しかもそれは天皇が宣言することによって効力を持つというメカニズムがあってのことなのです。この点の重要性を理解してもらうために、第一条を読んでみましょう。

　第一条　天皇は、日本国の象徴であり日本国民統合の象徴であつて、この地位は、主権の存する日
　　本国民の総意に基く。

第1条の前には何もない、つまりこれが憲法の最初の言葉だと考えてこの条文を読むと、「日本国民の総意」が突然現れるかのように見えるのですが、上諭を合わせて読むと、自然につながることが分か

ります。上諭では、天皇が、この憲法は国民の総意によって作られたものだと「断定」しています。しかも、その天皇は、その時点では字面だけの憲法になってしまっていたとしても、まだ明治憲法によって規定されている憲法上の力を持っています。簡単に言ってしまえば絶対権力者です。[8]

その絶対権力者が、「国民の総意」によって憲法ができたと宣言したのですから、少なくともその時点での「国民の総意」は単に象徴天皇を定義するための方便ではなく、憲法上の実体があるということになります。ここで絶対権力者の天皇が認めたのは、「国民の総意」です。「絶対的権力者」がこれまで統治の対象として、絶対的な服従を要求してきた国民に「総意」があることを認め、その「総意」に従って、絶対的権力者の「絶対」の地位から下りることを表明しているのです。それも嫌々ながらではなく、「深くよろこび」とまで表現しているのです。

それだけではありません。絶対権力者が何の条件も付けずにその権力を移譲しているのですから、それは絶対権力の移譲です。つまり「国民の総意」には絶対的な意味があり、それを多数決による国民の意思といったものとは異なった「絶対的」な表現である「総意」という言葉で表現しているのです。ですから、この上諭は革命的な意味を持っています。

●8　大日本帝国憲法には「絶対権力者」という規定はありませんが、この表現の根拠の一つとして「軍人勅諭」からの抜粋を掲げておきます。「軍人勅諭」の正式名は「陸海軍の軍人に賜はりたる勅諭」で、明治天皇が一八八二年に「下賜」したものです。（藤本泰久氏による現代語訳—— http://fujimotoyasuhisa.sakura.ne.jp/bunsho/gunjinchokuyu.htm　二〇一九年五月一九日閲覧）

軍人勅諭（抜粋）

我が国の軍隊は代々天皇が統率している。昔、神武天皇みずから大伴氏（古代の豪族）や物部氏（古代の豪族）の兵を率い、中国（当時の大和地方）に住む服従しない者共を征伐し、天皇の位について全国の政治をつかさどるようになってから二千五百年あまりの時が経った。この間、世の中の有様が移り変わるのに従い、軍隊の制度の移り変わりもまた、たびたびであった。古くは天皇みずから軍隊を率いる定めがあり、時には皇后（天皇の妻）や皇太子（次の天皇になる皇子）が代わったこともあったが、およそ兵の指揮権を臣下（天皇に仕える臣）に委ねたことはなかった。（略）

そもそも軍隊を指揮する大きな権力は朕が統括するところなのだから、その様々な役目を臣下に任せはするが、そのおおもとは朕みずからこれを執り、あえて臣下に委ねるべきものではない。代々の子孫に至るまで深くこの旨を伝え、天皇は政治と軍事の大きな権力を掌握するものである道理を後の世に残して、再び中世以降のような誤りがないように望むのである。朕はお前たち軍人の総大将である。だから、朕はお前たちを手足のように信頼する臣下と頼み、お前たちは朕を頭首と仰ぎ、その親しみは特に深くなることであろう。朕が、国家を保護して、天道様（おてんとう様）の恵みに応じ、代々の天皇の恩に報いることが出来るのも出来ないのも、お前たち軍人がその職務を尽くすか尽くさないかにかかっている。（略）

およそ軍人には、上は元帥から下は一兵卒に至るまで、その間に官職（官は職務の一般的種類、職は担当すべき職務の具体的範囲）の階級があって、統制のもとに属しているばかりでなく、同じ地位にいる同輩であっても、兵役の年限が異なるから、新任の者は旧任の者に服従しなければならない。下級の者が上官の命令を承ることは、実は直ちに朕が命令を承ることと心得なさい。自分がつき従っている上官でなくても、上級の者は勿論、軍歴が自分より古い者に対しては、すべて敬い礼を尽くしなさい。（略）

ただし、「国民の総意」を選挙等の手段で確かめようとしても、一〇〇パーセントの人が第1条の中身を一〇〇パーセント承認することにはならないでしょう。しかし、明治憲法から現憲法への移行のプロセスで、この言葉で描かれている存在が明治憲法の持つ力によって実体のあるものとして認められ、それが現憲法下でも有効である点が重要です。

❖天皇の位置づけと職務内容

次いで、第1条で「地位」が確定した天皇の姿がだんだんはっきりしてきます。第2条では、世襲制であることが規定され、選挙等の手段で次の天皇を決めるのではないことが示されます。第3条では、国事行為については内閣の助言と承認が必要で、責任は内閣が負うと決められています。つまり、国事行為に関しては、天皇は一見、内閣の「ロボット」としての仕事しかできないということです。次に第4条では、その国事行為は憲法で指定し、天皇はそれ以外の権限を持たないことがはっきり宣言されます。念のために、関連条項を掲げておきましょう。

第三条　天皇の国事に関するすべての行為には、内閣の助言と承認を必要とし、内閣が、その責任を負ふ。

第四条　天皇は、この憲法の定める国事に関する行為のみを行ひ、国政に関する権能を有しない。

第六条　天皇は、国会の指名に基いて、内閣総理大臣を任命する。天皇は、内閣の指名に基いて、最高裁判所の長たる裁判官を任命する。

第七条　天皇は、内閣の助言と承認により、国民のために、左の国事に関する行為を行ふ。

一　憲法改正、法律、政令及び条約を公布すること。

二　国会を召集すること。

三　衆議院を解散すること。

四　国会議員の総選挙の施行を公示すること。

五　国務大臣及び法律の定めるその他の官吏の任免並びに全権委任状及び大使及び公使の信任状を認証すること。

六　大赦、特赦、減刑、刑の執行の免除及び復権を認証すること。

七　栄典を授与すること。

八　批准書及び法律の定めるその他の外交文書を認証すること。

九　外国の大使及び公使を接受すること。

十　儀式を行ふこと。

そして最後に、99条によって名指しで、しかも明示的な「義務」として、「国民の総意」によって「憲法の遵守義務」を天皇に課しています。

第4条はとても大切な規定です。明治憲法下、天皇は統帥権によって軍隊を自由に動かし、勅令、勅許等を出すことで議会以上の力を持ち、さらに爵位や勲章を授与し、恩赦や大赦等、ありとあらゆる権限を手中にしていました。こうした天皇の権限をすべて剝奪するという規定です。明治憲法下、形だけは法律のほうが上位にありましたが、戦陣訓と陸軍刑法の関係で分かるように、実質は逆だった場合がかなりあったことも視野に入れて考えると、その重要性が分かるはずです。

第6条では、内閣総理大臣と最高裁判所長官を任命する権限が与えられていますが、これも国会や内閣の指名通りにするという、形式的な役割です。

第7条では10項目の国事行為が列挙されています。6条と7条とが天皇の主な仕事だということになるのですが、すべて国会や内閣の決めた通りに動くのですから、実質の伴う決定権は持たない、形式的あるいは儀式面を担当する「象徴」という言葉がふさわしい職務内容だと言えるでしょう。同時に、次章で触れますが、このような職務に主体性を与えることで「象徴」の人間的側面が浮び上がります。

以上が一般的な「象徴」の意味づけです。しかし、私が無知であることの確認にしかならないかもしれませんが、私がこれまで目にした「象徴」についての論考では、上諭と99条についてはほとんど触れられていません。無視されていると言ってもよいくらいです。しかし、上諭を含めて考えた時に初めて「国民の総意」が実体を持つのですから、その重要性をあらためて認識しておきたいのです。そして、それに匹敵する重要性を持つのが第99条であることを本章と次章で説明します。

その重要性を、本書では二つの側面から明らかにします。まずはプラスの面ですが、天皇の憲法遵守義務があることによって、国政上の危機に対応できるというすばらしい役割があります。こちらについては、かなりのスペースが必要ですので、次章で詳しく論じます。

もう一つの側面は、仮に天皇が憲法の遵守義務違反をしたとして、それが論理的にはどのような結論に至るのかを考察することです。その結果として、天皇と憲法との本質的な関係が浮び上がってくるため、以下、本章の後半はその考察に充てましょう。

❖天皇の憲法遵守

ここで99条を軸に、憲法全体の構成をまとめておきます。主権は国民に移り、その「国民の総意」によって憲法ができました。以前の主権者だった天皇は、「国民の総意」により「象徴」になりました。その「象徴」に対して、任命者である「国民の総意」が唯一、明示的に課した義務が「憲法の遵守」です。つまり、「憲法の遵守」こそ、憲法上、「象徴」が担う最重要とも言える「仕事」であり、「象徴」という地位の存在する意義だと言っても言い過ぎではないのです。この点は第六章でも取り上げました。

次に、「数学書として読む」という立場からは逸れますが、本章の後半で天皇の「公務」について考える際の基礎資料として、天皇・皇后の言葉がどんな意味を持つのかを考えてみます。

それは、先の天皇・皇后が誠心誠意憲法を遵守していた意味を考えることでもあります。天皇・皇后による憲法についての発言からは、学ぶべき点が多くあります。引用はしませんが、たとえば次のようなタイトルで宮内庁のホームページにアップされていますので、是非、お読みください。

①「天皇陛下お誕生日に際し（平成25年）」（八〇年の道のり、戦争や憲法についての思い）
http://www.kunaicho.go.jp/okotoba/01/kaiken/kaiken-h25e.html

②「天皇陛下のご感想（新年に当たり）（平成27年）」（被災者や戦没者への思い）
http://www.kunaicho.go.jp/okotoba/01/gokanso/shinnen-h27.html

③「皇后陛下お誕生日に際し（平成25年）」（被災者や憲法への思い）
http://www.kunaicho.go.jp/okotoba/01/kaiken/gokaito-h25sk.html

④「皇后陛下お誕生日に際し（平成26年）」（八〇年の歳月、慰霊の旅や芸術・文化について）
http://www.kunaicho.go.jp/okotoba/01/kaiken/gokaito-h26sk.html

（いずれも二〇一九年五月十九日閲覧）

そして最後にもう一つ、「皇太子殿下お誕生日に際し（平成26年）」の問4を引用します。第五章でも取り上げましたが、99条の存在意義を示している大切な発言です。記者団からの質問の中の、問4に答えての発言です（宮内庁ホームページ http://www.kunaicho.go.jp/okotoba/02/kaiken/kaiken-h26az.html 二〇一九年五月十九日閲覧）。

問4

昨年は、皇室の活動と政治の関わりについての論議が多く見られました。天皇陛下は記者会見で、「問題によっては、国政に関与するのかどうか、判断の難しい場合もあります」と述べられました。殿下は、皇室の活動と政治の関わりについてどのようにお考えになっているのか、また心がけていることがあればお聞かせください。

皇太子殿下

日本国憲法には「天皇は、この憲法の定める国事に関する行為のみを行ひ、国政に関する権能を有しない。」と規定されております。今日の日本は、戦後、日本国憲法を基礎として築き上げられ、現在、我が国は、平和と繁栄を享受しております。今後とも、憲法を遵守する立場に立って、必要な助言を得ながら、事に当たっていくことが大切だと考えております。

発言当時の天皇・皇后・皇太子の三人とも憲法と真正面から向き合い、遵守をする姿勢が誠実に表現されている発言ばかりであることはお分かりいただけたでしょう。加えて、二〇一八年十一月の秋篠宮発言（第六章と第九章で言及）も憲法遵守の姿勢をはっきり示しています。私見では、仮に憲法遵守にどの程度コミットしているのかというランキングを付ければ、当然トップのグループに数えられるであろうレベルです。

❖遵守違反へのペナルティー

その上で、本書はあくまでも「数学書」として憲法を読む立場ですから、私たちの心情はさておき、常識的にはありえないことでも、論理的に可能なことについての検証はしなくてはなりません。

その一つは、天皇が憲法遵守義務違反を犯す可能性です。当然、99条で義務を課せられているその他の人々、総称すれば「公務員」が憲法遵守義務を犯す可能性についても、考えなくてはなりません。

天皇でも公務員でも、99条違反を犯した場合、何らかのペナルティーが科せられるはずです。「義務」を義務と読むべきだという本書の主張は、ペナルティーのあるなしに関わらない原則ですが、それは、ペナルティーのあることによって「義務」がより効果的な役割を果たすことまで否定してはいません。その立場から、「ペナルティー」の効用についても視野に入れておきます。

その「ペナルティー」とは何でしょうか。再度説明をしておくと、本書では「原状回復」のメカニズムの存在もその中に含めています。法律の専門家の多くは、99条違反については罰則が明記されていないことから、99条の遵守義務を「道徳的要請」としか評価しないようですが、本書の立場はそれと異なります。憲法上の「義務」は、必ずしも「罰則」や「制裁」を伴わなくても、「原状回復」のためのメカニズムがあれば、「義務」として読み、受け取るべきだという立場です。「原状回復」のための何らかのメカニズムについても、かなり幅広く考えています。「原状回復」については、第六章もご参照ください。

この点をもう少し丁寧に考えてみましょう。国会議員や裁判官等については、主権者たる国民が国会議員を選び、その国会議員の行動をもとにさまざまな役職が作られるシナリオが憲法によって描かれています。つまり、「国民の総意」の持つ権限を、特定の人に委託するという仕組みです。そして、委託された人がその仕事（憲法遵守も含まれます）を全うできないときには、その人を罷免して別の人に委託するというメカニズムができています。

別人に委託することの目的は、人を交代させることで、本来業務つまり委託された仕事がきちんとされるような状態に戻すことです。それが「原状回復」の意味でした。つまり、違反行為によって作られた状態を、それ以前の正常な状態に戻すことを意味します。

公務員については、このようなシナリオをもとに、より具体的なペナルティーの可能性が憲法に明記されています。必ずしも罰則ではありませんが、最高裁判所の裁判官の場合は、79条によって国民審査という形で適否の審査が行われます。国会議員の場合は、選挙を通して憲法違反者を「罷免」することが可能ですし、総理大臣は、国民からの視点では間接的な行為になりますが、国会が不信任する力を持っています。

次に、天皇の憲法違反行為の可能性について、純粋に論理を重んじるという視点から考えてみましょう。仮に天皇が憲法違反を行った場合、どんなペナルティーを、誰が、そしてどのような形で科すべきなのでしょうか。

法律を制定し、その法律によってペナルティーを科すというのが一般的な方法でしょう。しかし、憲法に明示的に示されている皇室典範を除いて、法律という選択肢はありえません。なぜなら、法律を制定するのは、あくまでも多数決原理によって行われるからです。その多数決原理より高位にある「総意」によって象徴としての地位を与えられ、「総意」によって義務づけられている憲法遵守規定に従わなかった天皇を、「たかが」多数決によって縛ることはできないからです。

では皇室典範を根拠に、天皇の違憲行為を元に戻すペナルティーを科すこと、つまり「原状回復」は可能でしょうか。念のため、皇室典範の第16条をチェックしておきましょう。

［皇室典範］

第十六条　天皇が成年に達しないときは、摂政を置く。

2　天皇が、精神若しくは身体の重患又は重大な事故により、国事に関する行為をみずからすることができないときは、皇室会議の議により、摂政を置く。

本章で検討しているのは、天皇が心身ともに問題のない状態で、しかも事故等の突発事態とも関係なく憲法違反を犯すという「仮定」の状況ですので、この第2項の条件は満たしません。その他の条項にも憲法違反の場合の対応は述べられていませんので、憲法に明記のしてある皇室典範であってもそれを根拠にしての対応はできないことになります。

さらに、天皇の憲法遵守義務違反を皇室典範の規定によって判断したり対応したりすることにも問題があります。それは、皇室典範そのものの中に憲法違反だとしか読めない条項があるのですから、憲法遵守という視点から判断すると、そもそも憲法に違反している規定を中心的な概念として作られている法律によって憲法遵守義務違反という重大な案件の判断をしてはいけない、という主張にも説得力があるからです。

この点も含めて、天皇が意図的に国事行為を果たさない場合、そして国事行為以外の重大な違反をした場合はどうなるのかを考えてみましょう。ただし、国事行為の場合も結論は同じですので、以下、特に国事行為以外のケースに絞って考えてみましょう。

❖天皇の遵守違反

たとえば天皇が、4条の1項に違反して、自衛隊を掌握して革命を起こすなどという、現実にはありえないことですが「思考実験」としてはありうることを考えてみてください。空想的な「思考実験」であっても、このように荒唐無稽な仮定を設けることにも意味はあるでしょう。「机上の空論」だという批判も当然ですが、ある意味「数学書として読む」ということは、まさにその「机上の空論」でどのような論理的可能性があるのかを追求することですから、もう少しお付き合いください。

ちなみにこの乱暴な仮定の前に、「公務員」が同じ憲法違反を犯す可能性についても触れておきましょう。《遵守違反へのペナルティー》の節でも述べたように、「公務員」の場合には、前節で述べたような委託の代替を行うという方法、あるいはその他のやり方で「原状回復」をする形での対応が可能です。即効性があるかどうか、現実的に機能するのかといった疑問はありますが、ここでは、メカニズムとして準備されているという点が重要です。

それに対して、天皇によるこうした憲法違反行為に明示的にペナルティーを科す規定は、憲法の中にはありませんし、当然ながら摂政を置くべき要件も満たしてはいません。したがって、関連する規定を基に、論理的な推論によって考えることになります。

憲法で天皇の職務違反についての規定としての性格を持ちうるのは、存在そのものに言及している第1条だけです。2条は後継者の選び方ですので少しは関係がありますが、現職の天皇の職務違反とは直接関わりません。そして1条、2条以外の条項は、基本的には職務内容の説明です。となると、ペナルティーとしては、第1条に規定されている「象徴」としての地位を剝奪すること以外の可能性はありません。期限付きで地位の「執行停止」を科することや謹慎等も論理的可能性としては考えられますが、「憲法違反」はするかしないかの二者択一しかありません。そして、地位の剝奪という結果になるペナルティーを、何らかの理由で緩める理屈は憲法上見つかりません。

この点をもう少し丁寧に考えてみます。仮に天皇が本節で想定したような憲法違反を犯したとしましょう。するとそれは、「象徴」という地位の存在価値を天皇自身が否定するということになります。つまり、絶対的な存在である「国民の総意」が明示的に規定した「天皇」が、同じく「総意」が課している義務に違反するのですから、当然、その行為は憲法に付随している「絶対性」を否定することになります。となると、その「絶対性」だけに依拠している「地位」も否定されることになります。99条の憲法遵守義務が天皇に関しては「義務」である理由の一つがここにあります。「義務」違反という重大な行為に対して、天皇という地位を剝奪されるという、これまた重大な結果になるからです。これを「罰則」と考えることは可能です。

まとめておくと、憲法99条で遵守義務を負わされている「天皇」そして「公務員」という二つのグループのうち、仮に「公務員」が憲法違反を行った場合には、その「公務員」を罷免し、別の「公務員」を選定するメカニズムが備わっています。そのことで「原状回復」が可能になります。それは、憲法15条の規定で、「公務員」の選定と罷免の権限は国民が持っていることにも依拠していますし、その他の憲法の規定によって保障されています。

対して、「天皇」が憲法違反を犯した場合は、2条によって天皇の地位が世襲制であり、国民が天皇を選定したり罷免したりする権限を持っていませんので、同様の「原状回復」措置は取れませんが、ここまでの推論で見てきたように、論理だけをたどっていけば、天皇という地位の剝奪になります。

これを、憲法遵守義務の重さという点から解釈すると、「天皇」の憲法遵守義務は「公務員」のそれとは質的に違っていることになります。「天皇」に負わされている憲法遵守義務は、「国民の総意」という絶対的な存在に依拠している地位を賭して守らなくてはならない重い義務なのです。「天皇」という地位は世襲制です。生前退位という可能性はあるものの、それは終身制に近い制度だと考えられます。その点も勘案すると、生身の人間の人生そのものにも等しい重みを持つ義務だということになります。

つまり、「日本国の象徴そして日本国民の統合の象徴」とは、生身の人間の人生を賭して憲法を守護する使命を持つ存在だということになるのではないでしょうか。「公務員」も含めて、このような使命を与えられている存在は、憲法には天皇以外に規定されていませんので、この意味を「abuse of language」によって、「象徴天皇」＝「憲法の守護者」という等式として表現したいと思います。

この点をさらに敷衍しておきましょう。ポツダム宣言を受諾するにあたって当時のリーダーたちが護持したいと考えた「国体」とは通常、天皇制のことだと考えられています。しかし、現在の天皇制とは、憲法の規定を通して、特に99条によって、「象徴」という存在を創り出した上で「国民の総意」が守ろうとしているものに他なりません。それは、憲法そのものです。となると、「国体」とは憲法《コンスティチューション》そのものに他ならないと考えるのが一番自然なのではないでしょうか。

❖違反を誰がどう認めるのか

ここまで考えてきて、実は根本的な問題が残っていることにお気づきの方も多いと思います。それは、天皇の憲法違反行為を誰が認めるのか、そしてどのような根拠によってどのように違憲行為に対する措置を講ずるのかという点です。

部分的には答えがあります。一つには、上記の思考実験で仮定として取り上げた事件が内閣の助言や承認を得ているかどうかは内閣には分かりますし、国政に対する「権能」に属する事柄か否かは、国政への影響が起きたかどうかを見ることで同様に分かります。

天皇の言動が「国事行為」の範囲に入るならば、内閣としては助言と承認をしなくてはならないのですから、それについて知ることは内閣の責任の一部だと考えられます。また同じ理由で、「国事行為」という範囲から逸脱していることの認定をする権限もあると考えられます。それは、「国事行為」の線引きの問題だからです。

その結果、天皇の行為が3条または4条違反だということが認定できたとしても、つまり、仮に天皇が内閣の意思を無視して、実質的に国政上の権能を手にした場合、それは当然、憲法遵守義務違反になりますし、すでに確認したように天皇という地位は剝奪されなくてはならないのですが、それをどのような形で実現すべきなのかという規定は憲法内には存在しません。

憲法2条によって、世襲の範囲に認定される皇族が、「原状回復」のために新天皇になるという可能性があるのかもしれませんが、憲法や皇室典範の規定には該当する項目が見当たりません。

となると、天皇の義務違反についての対応は、「超憲法的」にならざるをえません。

この点も、「数学書として読む」ことから生じる大きな矛盾ですが、どう解消すべきなのかは、機会をあらためて論じられればと考えています。

❖「総意」に近づく「不断の努力」

憲法制定時に「国民の総意」に実体のあったことは、時の天皇の宣告が保証していますし、明示的には第1条において天皇の存在の根拠になっていること、そして計測不可能であるその絶対的な重みについてはこれまで、そして本章でも特に注目してきました。本章では、天皇がその絶対性を否定する可能性を考察したのですが、具体的にそのようなことが起きる蓋然性は低く、天皇と「国民の総意」という関係を考えるのであれば、より現実的な状況に注目すべきではないかと思います。それは、これまでもたびたび強調してきたような天皇による憲法遵守の言動を、「国民の総意」という視点から捉え直すことです。

仮に天皇ではなく、大統領のような地位であれば、その地位の根拠になるのは「国民の総意」ではなく、「過半数の国民の意思」とでもいったものになると思います。選挙で選ばれた大統領の場合、マスコミも注目し本人も常に念頭に置いているのは、当選した時の支持率と比較して現在はどのくらいの人が支持しているのか、そして次の選挙ではどのくらいの支持が得られるのかということです。

「国民の総意」の場合にはこのような数値化ができません。しかし、憲法制定時点には一〇〇パーセントの人が象徴としての天皇の存在を認めたという想定はできます。でも、現時点で仮に国民投票が行われたとしても、それと同じ割合で象徴天皇制が認められているとは考えられません。では、「国民の総意」という表現は今の時点で現実的な意味をまったく持たないのでしょうか。一つの可能性として「国民の総意」を、象徴天皇制を支える「理想形」として設定すること、つまり究極の目標といったような位置づけをすることが考えられます。

そのような重い目標を設定するのは押し付けがましいのですが、憲法についての先の天皇・皇后の言動から判断すると、このような「理想」に近づくために、つまり、より多くの国民に象徴天皇の存在意義を認めてもらえるよう、天皇が意図的に努力をしているのかもしれないとさえ考えられるからです。

仮にそのような憶測が少しでも現実を反映しているとして、天皇がこのような努力をすること、あるいはそれに呼応して国民の側からもその努力を助けることは憲法によっても他の権威によっても排除はされていません。それどころか、憲法第12条では、自由と権利については「国民の不断の努力によって、これを保持しなければならない」と義務づけられています。本章の初めでも確認したように、天皇が国民としての自覚を持ち、12条の「不断の努力」を自らにも課していると考えることは可能です。それは、「総意」の近似値である国民の考え方や感じ方を重く受け止めて、「総意」に近づくための「不断の努力」を続けていることになるのではないでしょうか。

マスコミがよく使う言葉のなかで、分かった気になってはいてもいざその内容を手短には言い表せないものの一つに「公務」があります。公務員の場合には問題がありません。天皇の場合には、国事行為がその中に入りますが、その他の天皇の仕事のうち、何が「公務」なのかについては、宮内庁ではそれなりの決まりがあるのでしょうが、私なりに納得のできた解釈は、ここに掲げた「理想」に近づく努力です。それを「公務」だと考えると、憲法とのつながり、そして主権者との関係で、ストンと胸に落ちたような気がしています。

その結果として、測定可能な「総意」が存在するとまでは永遠に言明できなくても、このように真摯な天皇の努力を認めその意味を考えると、主権者たる国民はこうした天皇の姿勢を歓迎したくなるのではないでしょうか。

最後にもう一度強調しておきたいのは、国民一人一人と直接対話を重ね、一人一人の人生に一人の人間として謙虚にそして真摯に関わろうとする努力を続けてきた先の天皇・皇后の姿です。それを憲法に人間的な実質を与えるべく懸命な努力、つまり「不断の努力」を「国民」として続けているのだと受け止めても、あながち的外れではないと思えるのですが——。

chapter 9

第九章　天皇の憲法遵守義務

▼天皇の憲法遵守義務の出番は三権が憲法違反を犯すとき

前章では、天皇と憲法が不可分の関係にあること、特に天皇が憲法遵守義務違反を犯せば、天皇が憲法を否定したことになり、その結果、天皇の地位は剝奪されることを確認しました。さらにそこでお約束したのは、憲法遵守義務があることによって、国政の危機に際して天皇の果たせる役割があるということです。その準備として、先の天皇が憲法99条を誠心誠意遵守していることも確認しました。この点について、圧倒的に多くの人は「象徴」としての役割を十二分に果たしてくれていると評価しているのではないでしょうか。しかし、それを一種の美談として受け止め、それだけでお仕舞いにしてしまってもいいのでしょうか。事は憲法の遵守です。もう少し丁寧に、「出番」が何を指しているのか、憲法の規定と照らし合わせて考えてみましょう。

❖天皇の国事行為

第三章では、憲法99条によって憲法遵守義務を負わされている「天皇並びに摂政」（略して「天皇」）という括りと、「国務大臣、国会議員、裁判官その他の公務員」（略して「公務員」）というもう一つの括りのどちらも、「公権力」として、「基本的人権」と「公共の福祉」からなるチームと対峙する関係であるという認識の下に議論をしてみました。

同時にこの両者の間には立場の違いも存在します。天皇や摂政は公務員ではないからです。その違いを理解する上でのキーワードは、天皇が「象徴」であることに由来します。

象徴という立場を私たちがどう捉えるべきなのかは憲法には規定されていませんが、普通に考えると、私たちのお手本にする存在だと考えてもそれほど大きくずれてはいないと思います。となると、憲法の尊重や擁護については、国務大臣や国会議員、裁判官その他の公務員は、誠実に義務を果たしている天皇をお手本にするのが自然の流れです。

もう少し覚めた見方をしている人もいます。評論家の佐高信さんは、99条を「ブラックリスト」と捉えています。つまり、最も憲法を遵守しそうにない人たちのリストだという解釈です。歴史を振り返れば、その気持ちも分かります。

それとは対照的な立場からの批判も後を絶ちません。天皇の憲法遵守の姿勢を政治的であるとか、国事行為の範囲を逸脱しているという類の批判です。たとえば、二〇〇四年に開催された皇居の園遊会での米長邦雄さん（将棋界の重鎮で当時は東京都の教育委員）のコメント「日本中の学校で国旗を掲げ、国歌を斉唱させることが私の仕事でございます」に対しての、「やはり、強制になるということではないことが望ましい」という天皇の言葉が、「国事行為を逸脱していてけしからん」という批判に晒されたことを記憶している方はいらっしゃると思います。そして、それを「穏健に抑えた」小泉首相はじめマスコミ一部の捉え方では、「国事行為」だが内閣の見解と同じだから問題はない、ということなのです。しかし、天皇によるこの発言は、国事行為ではありません（国事行為については、前の第八章も参照してください）。

残念なことに、二〇一八年十一月、五十三歳の誕生日を前にした記者会見での秋篠宮の発言も同じような批判に晒されています。それは、宗教色の強い大嘗祭を国費で賄うのは政教分離の原則からも問題があるのではないかという趣旨を宮内庁長官に伝えても聞く耳を持たなかった、という内容です。憲法の中には、天皇以外の皇族の憲法遵守義務は明示されていませんが、いわば「天皇チーム」の一員として同様の義務があってもおかしくはありません。それをもとに考えると、この発言も天皇の憲法遵守義務と一体の「義務」と捉えるべきなのではないでしょうか。

それが本章で説明したいことの一つなのですが、後半で論じるように、これは憲法99条に則った憲法遵守義務の遂行行為なのです。

「国事行為」については、以上のような誤解もありますので、言葉の意味から復習しておきましょう。まず、国事行為は「国事」、つまり「国家に直接関係する事柄。特に、政治にかかわる事柄」（『デジタル大辞泉』）についての「行為」、つまり「個人がある意志・目的を持って意識的にするおこない」（『大辞林』第三版）であって、「国事行為」はそれらを合わせて「日本国憲法の定めるところにより、天皇が内閣の助言と承認によって行う国事に関する形式的・儀礼的な行為」（『デジタル大辞泉』）です。

次いで、国事行為の総括的な条文である第3条、そしてその他の条文について二点指摘をしておきたいと思います。一つは、主体性の問題です。天皇が国事行為を行うにあたっては、内閣の言う通りにしなくてはならず、またその責任はすべて内閣が負うことになっていますので、外形だけ見ると、天皇はいわば内閣の「ロボット」であると規定されているように読めます。

しかし、ここで「行為」という言葉が使われていることによって、天皇が国事行為を行うにあたって、目的を持ち意識的に行っている側面を明確にしています。また、その行為について、内閣は事前に「助言」を行い、事後に「承認」するという時間的な考慮もされていますので、主体はあくまでも天皇です。すなわち、これらの条項では、形としては内閣の意思通りに行動し、それ以外の行動は許されないとしても、それが天皇の意思によって行われている主体的な行動であることを確認する形で、天皇の人間性を認め尊重しているのです。

第二の点は、その上で、国事行為についての条項は厳しい規定にもなっているという点です。つまり、第6条、第7条は平叙文による「命令形」でもあります。しかも憲法ではこれらの規定に天皇が反することは想定していないのですから、義務でもあるのです。

義務を課するのは当然、主権者たる国民です。しかも「国民の総意」です。「国民の総意」によって象徴の地位を与えられた天皇に、「義務」を負わすことのできるのは同じく「国民の総意」でしかありえません。つまり、6条や7条の規定は「国民の総意」の関わる「絶対的」な重みを持っています。その重みをもって、平叙文という形ではありますが、天皇の主体性を重んじながら、しかし、それは義務であることを述べているのが国事行為についての条文なのです。

❖99条は国事行為ではなく「義務」である

国事行為の意味がはっきりしたので、99条に移りましょう。何度も繰り返すことになりますが、99条を掲げます。

> 第99条　天皇又は摂政及び国務大臣、国会議員、裁判官その他の公務員は、この憲法を尊重し擁護する義務を負ふ。

99条は義務を課している条項です。そしてこれを国事行為として読むべきでないことは、「国事行為」の意味から明らかです。憲法を尊重し擁護することは「形式的」でも「儀礼的」でもありません。99条は、形の上だけであるいは表面的に、またはただ単にアリバイ作りのために憲法を守っているかのように振る舞え、という規定ではないのです。憲法を遵守するための、中身があり、実質の伴う地に足の着いた行動を指しています。

文法的な解釈だけでも遵守義務を国事行為と見なすことはできないのですが、「数学書として読む」

試みからも論理的な結論が導かれます。背理法を使いますので、仮に99条の遵守義務が国事行為だったと仮定しましょう。となると、それは第3条の規定によって、内閣の助言と承認が必要な事柄の範疇に入ります。つまり、天皇が憲法を遵守するという行為は、内閣の「ロボット」としての役割にすぎないことになってしまいます。

天皇が憲法を遵守するかどうかは、内閣がどう助言し何を承認するかだけで決まるのですから、内閣が憲法を遵守している限り、天皇は自動的に憲法を遵守することになります。99条に天皇の遵守義務を掲げなくても、内閣の遵守義務だけで用が足りてしまうのです。「数学書として読む」立場からは、論理的に必要のない条文を、しかもわざわざ「唯一の明示的義務」として天皇に課する理由はなくなります。

ここで翻って、アメリカの憲法遵守義務と比較してみましょう。次章で見るように、アメリカの大統領は就任の際に、日本国憲法には取り入れられていない「宣誓」という形で、もし必要があれば力ずくで闘ってまで守るというほど強い遵守義務を負わされています。日本国憲法では、言葉としてはそれほどの強い表現を使ってはいませんが、前章で見たように、天皇が全存在をかけてまで守らなくてはならない「義務」だという論理的な意味づけがなされているため、アメリカの憲法に負けないくらい強い決意で憲法を遵守しなくてはならないのです。再度繰り返します。憲法遵守は「形式的・儀礼的」な国事行為ではなく、崇高かつ峻厳な義務です。

その論理的な帰結として、憲法を遵守する天皇の行為には、内閣の助言や承認は必要ないことになります。助言や承認の必要性を規定している第3条、4条、7条が対象にしているのは国事行為だけだからです。国事行為ではない義務まで対象にする規定にはなっていないのです。先回りすれば、これは後で出てくる系1から系3（本書一九六―一九八頁）につながります。

❖99条の抑止的効果

99条は国事行為の規定ではないこと、それは、「義務」として素直に受け止めるべきであることは確認できました。同時に99条には別の効用もあるのです。

たとえば、一括りにされている「国務大臣、国会議員、裁判官その他の公務員」に対して、憲法遵守義務の重大性を余すところなく伝えるための、一種の「方便」だというものです。

内閣や裁判所に代表される公務員が、憲法の尊重と擁護の義務を負うのですから、内閣の助言と承認で国事を行う天皇は、内閣が憲法を遵守している限り、当然憲法を遵守することになるのが論理的な帰結です。天皇に憲法を遵守してほしいのであれば、内閣の遵守義務を強調すべきなのです。

この点を、天皇にも遵守義務があると明記することで強調しているのだと考えられるのです。つまり、仮に内閣が憲法違反を行い、それに基づいた助言を天皇にした場合、その助言に従って国事行為を行う天皇までも、結果的に憲法違反をすることになってしまいます。天皇の遵守義務が明記されているのですから、内閣が憲法違反を行えば、それは、論理的・法律的には内閣だけが責めを負うべき遵守義務違反という汚名を、天皇にも着せることになりますよという形で、事の重大さを示していると解釈できます。そんな大それたことにならないよう、内閣も一括りに表現されている公務員たちも、しっかり憲法を遵守しなさいよというメッセージだと捉えれば、99条にはこうした「抑止的」な効果もあることになります。

❖天皇の憲法遵守義務の出番は三権が憲法違反を犯すとき

さて、天皇と内閣の関係を考えるとき、通常、私たちは国事行為が中心になるという前提で3条と7条を考え、内閣が憲法を遵守することをほぼ自動的に、つまり暗黙裡に仮定しています。しかし、99条を考えるにあたっては内閣が憲法違反をする可能性を前提にして議論をする必要もあります。内閣の憲法違反だけでなく、国会や裁判所も同時に憲法違反をする可能性を考えたらどうなるでしょうか。

「思考実験」のために、極端な想定をしてみましょう。内閣が憲法違反を行い、それを国会も裁判所も国民も修正するだけの時間的な余裕がないという仮定の下、天皇に対して憲法違反をせよと、内閣が助言をするような場合を考えます。

思考実験ですから、こんなことが起こっては困る「超」過激なシナリオとして、内閣が閣議決定によって天皇を絶対的権力を持つ「絶対君主」と規定し、天皇に対して、憲法を廃止した上で国会等の民主主義的な組織・機構も廃止するとの宣言を行えと「助言」した場合を考えてみましょう。思考実験ですから、どんなに酷い内閣でも実際にはこんなことはできないのだよ、といったレベルの「技術的」な反論にはしばらく蓋をしていただいて、お付き合いください。

内閣としては、まず解釈改憲を行った上で、関連法案は多数を恃んで成立させ、天皇には法的な手続きを踏んだ上での合憲・合法なシナリオに沿っての公布行為だと言うでしょう。内閣の「助言」に従う限り、天皇はこの宣言をしなくてはなりません。第3条に従えば、仮に「助言」の中身が憲法そのものの存在を否定していても、閣議で決定したというような形式的な手続きさえ整っていれば、官僚的な意味での手続き論ではこうしたシナリオを拒否するのは難しいでしょう。

こんな場合でも、国会や裁判所が憲法遵守を最優先させる機能を保持していれば、それが救済策になります。しかし、今「思考実験」として仮定しているのは、国会は唯々諾々と違憲主導派に従い、選挙による国民の意思はその多数派を選んでしまい、裁判所は「政治的問題」だからといって違憲審査を放棄しているような場合です。これほど重大な憲法違反——というより憲法の存在そのものの否定と言うべきでしょうが——に対しての、官僚的手続き論を超えたレベルでの最後の拠り所が、「国民の総意」を人間的に体現している天皇の良識と責任感に依拠するメカニズムです。それが99条の極限的な意味だとも考えられます。

この考え方が、それほど突飛でないことを第六章で紹介した99条についての二つの学説を援用して示しておきましょう。まず、二つ目の学説ですが、重要なのは次の部分です。「最小限憲法破壊は行わないという不作為義務は法的義務とする」。

「思考実験」で想定したほどの憲法破壊に対しては、99条は当然「法的義務」として機能するのですから、天皇に与えられた義務にも、「法的義務」としての根拠が与えられることになります。

もう一つは、三つ目の学説です。再度引用しておきましょう。

抵抗権が実定法に制度化されているという前提に立ち、違憲の立法、司法、行政に対しそれぞれの公務員は抵抗し、あるいは違憲の職務命令に対し抵抗すべき職責の義務規定が99条であるとする。当該義務は、最高法規たる憲法を根拠とし直接法的効力を有するから、法律レベルでこの趣旨は覆せないとする。

この学説では、抵抗権の行使者は「公務員」です。しかも99条の解釈としては、非常に限定的な説であるにせよ、それでも抵抗権を認めている点が重要です。そして、天皇にも遵守義務があるのですから、当然、上記のシナリオで内閣が「国事行為」であると偽装して天皇に履行を迫った事柄について、天皇にもこれと同等の抵抗権があると考えるのは当然ではないでしょうか。

それでは続いて、憲法違反を犯している「公務員」に対して、天皇が憲法遵守の立場を貫こうとした場合、どのような実行手段がありえるのかをもう少し具体的に考えてみましょう。

最初に、「公務員」が憲法の尊重と擁護の義務を果たしていない場合に、まずはその事実を認定しなくてはなりません。それができたとして、それに対して天皇が憲法遵守義務を果たそうとする場合、つまり内閣等「公務員」の憲法違反を何らかの形で「是正」しようとする場合が考えられますが、こうした一連の行為を行う上で最初に取り上げたいのは、その根拠がどこにあるのかという点です。

それは第1条です。

国会議員も、その国会議員の中から選ばれる総理大臣も選挙によって選ばれます。最高裁判所の判事は、国民審査によって同じく多数決で罷免される可能性があります。つまり公務員は、国民の総意には必ずしも届かない相対的多数の支持によってその存在が認められるという位置づけです。

それとは対照的に、天皇の場合、その存在は「国民の総意」に基づいています。第二章と八章で見てきたように、この「総意」には憲法内での実体があるのですから、それが相対的な意思に優先するのは当然です。

その「総意」に基づく天皇の地位が、相対的な多数の意思に基づく公務員の地位よりも優位にあり安定していると考えられる、という点がポイントです。この点を拠り所として、相対的な多数——あるいはそれを騙った少数者の場合のほうが現実的な仮定かもしれませんが——には支持されていても、それが「国民の総意」とは考えられないような重大な憲法違反を内閣が犯した場合に、「象徴」であることの「義務」として天皇が発言する場を設けているのが99条だと考えられないでしょうか。これは、天皇が内閣の憲法違反に対して何かをする「権限」を持つという意味ではなく、立憲主義や法治主義の否定、国そのものの存否が問われるときの実存的な要請としての天皇の行為です。いや、「要請」ではなく「義務」として課しているのが99条なのです。

❖憲法遵守義務から導かれる三つの「系」

これをまとめると、1条と99条の系として、次のような命題が浮かび上がります。

系1　内閣が重大な憲法違反を犯すとき、天皇はその内閣の助言に従わなくてもよい。またその判断は内閣の承認を必要としない。

系2　内閣、国務大臣、国会議員、裁判官その他の公務員が、重大な憲法違反を犯しているとき、3条あるいは7条の規定があっても、天皇または摂政は、内閣の意に反して、憲法を尊重し擁護する義務を負う。

ここで3条と7条に系のなかで言及することは、論理的には必要ありません。疑問に思う人がいるはずですので、事前に説明を加えておきました。当然、「重大な」は丁寧に定義されなくてはなりませんし、どの範囲の違反が対象になるのかも、できれば法律で決めておくべきでしょう。

もう一点、「系」として付け加えておきましょう。これも「総意」の重みから導かれます。

系3　内閣、国務大臣、国会議員、裁判官その他の公務員が、重大な憲法違反を犯していないときであっても、天皇または摂政が、内閣の助言と承認とは独立して憲法を遵守することは妨げられない。

前述した違憲行為の事実認定の手続きやそれに対する「遵守」の具体的な内容を決定する方法が、憲法上には規定されていないことから、実はこの系3が重要になります。その点を説明しましょう。

仮に国会や内閣、裁判所等の公務員が憲法違反を犯したとしましょう。「憲法違反」であると天皇が認めるにあたって、どのような基準で、さらにどのような手続きでその認定を行うのかは憲法内には規定がありません。

仮に、その認定が行えたとして、では「憲法違反」を目の前にして、天皇が何らかの警告を出すのか、不快感を表すのか、「制裁」を下すのか等の可能性を考えた場合、国政についての「権能」はないのですから、「制裁」はできませんし、「警告」も難しいでしょう。せめて「不快感」くらいですが、ではそれをどう表したらいいのでしょうか。もうそこで壁に突き当たってしまいます。

これらの問題を解決できる唯一の存在は「国民の総意」なのですが、それは憲法内では実体があっても、現実の社会の中の存在ではありません。しかし幸いなことに、「国民の総意」を文書として明確に表現しており、さらに憲法の遵守についてもきちんとした方針を示しているものがあります。憲法自体がまさにそれなのです。したがって、天皇が憲法そのものを読むだけではなく、憲法の理想を確認し、その「ありのまま」の姿を描写し、憲法を遵守することの意味を表現することは許されていると考えられます。

これこそ、この章で提示してきたいくつかの疑問に対する具体的な行動としての解決策なのです。まず大切なのは、これは、内閣やその他の公務員が憲法違反を犯していても犯していなくてもできる、ということです。憲法遵守という目的から考えると、日常的なレベルでの「教育的」な意味の大きさも大切です。系2と系3に大きな意味があるのは、内閣等の行為が違憲であるかどうかの判断はしなくても、天皇が憲法遵守義務を履行できることを保障している点なのです。

憲法上の規定がなくても、天皇が憲法遵守義務を果たすことができるメカニズムはご理解いただけたとして、その上で、これまでの天皇の発言を考えてみましょう。まず、本章の初めのほうで紹介した、台本がない状態での米長教育委員とのやりとりも、同様に憲法99条を遵守する「義務」としての行動だと解釈することが妥当です。また、第八章に引用・言及した、先の天皇ならびに皇后、そして皇太子や秋篠宮の発言は、憲法の内容を厳密かつ正確に捉えています。その他の発言も、ほぼ例外なく自然体で、素直に憲法を読んだ上での憲法のエッセンスの表現であるように思えます。天皇の公的発言の素案はお役人が作るにしろ、歴史的な事実にこだわる発言や、ご自分の幼児体験をなぞり、そこから今の自分の価値観を説明することなどは、お役人の力や経験ではできません。それは、「憲法遵守」のための努力であることはもちろん、第八章で取り上げた、「総意」に限りなく近づくための努力の一環であるとも考えられます。

これらの発言は、もちろん「国事行為」としての発言ではありませんので、内閣の助言も承認も必要ありません。また発言することで具体的なレベルで国政に影響を及ぼすような内容ではありませんから、

「国政に関する権能」を行使しているわけでもありません。憲法遵守義務の一環としての発言だと考えていいはずです。

天皇制の是非、天皇を元首にすべきかどうか等、さまざまな意見があるなか、憲法における天皇の位置づけは、「憲法遵守」という一言で要約しても間違いではないことをこれまで見てきました。「公務員」が憲法を遵守していてもいなくても、憲法そのものの存在と意味を体現しその義務を果たしている天皇が、天皇についてのさまざまな考え方を超えたあくまで客観的な立場からの発言に徹しようとする努力も、私たちには伝わってきています。「国民の総意」を理想として掲げ、一人一人の国民とともにあろうとする姿に感動している多くの人々の声がその証拠です。

chapter 10

第十章　憲法遵守義務と宣誓

▼すべての公務員が国民に誓うことを出発点に

前章で提案した第99条の系2と系3が述べている通りに、日常的に憲法を遵守してきた先の天皇・皇后の姿は、テレビ等を通して多くの人の目に触れています。映像でしか伝わらない優しさもあります。しかし、それをここで再現しようと試みるよりは、別の視点から真摯かつ謙虚に憲法遵守を実行している事実を確認しましょう。それは、言葉で確認できる公務の執行です。先の天皇・皇后の発言の一部は、リストにして第八章で取り上げましたが、ここでは即位の礼における先の天皇の「宣誓」に注目します。この大切さを理解してもらうために、もう少し視野を広げてアメリカの宣誓や裁判の際の宣誓も取り上げます。最後に政治の場面でなぜ総理大臣の宣誓がないのかを問題にします。

❖天皇の宣誓

甲子園は言うに及ばず、国民体育大会その他のスポーツ・イベントには「宣誓」が付き物です。でも、声だけは大きくても、抑揚もなく内容も同じような言葉の羅列を毎回見せられると、手を大きく上げての大仰な動作と合わせて、長い間、ちょっと形式的すぎるのではないかと感じていました。それでもスポーツマンシップに則ってフェア・プレーの精神を重んじると宣言すること自体、大切であるには違いありません。しかし、宣誓にはそれ以上の意味がありました。特に私自身が政治の場での宣誓を軽視していたことを反省するに至り、スポーツ・イベントでの宣誓も違った目で見られるようになったのです。

それは、「宣誓」を「数学的に」考えてみた結果です。

唐突ですが、私はリンカーン大統領のファンです。市長として目指す市政を「市民の市民による市民のための広島市政」と表現したくらいです。リンカーンの演説のなかではゲティスバーグの演説が一番好きですが、彼の二つの就任演説もすばらしいと思います。

就任演説の前には、当然、宣誓式があります。これも、時代によって変化があり、宣誓式の前に就任演説をしていた時代もありました。この宣誓の言葉はアメリカの憲法で定められています。

I, <name>, do solemnly swear (or affirm) that I will faithfully execute the Office of President of the United States, and will to the best of my ability, preserve, protect and defend the Constitution of the United States.

（訳）アメリカ合州国の大統領という職務を忠実に執行し、私の能力が許す限りの最大の努力をして、合州国憲法を維持し、擁護し、防衛することを厳粛に誓います。

個人的には奴隷制度に反対していたリンカーン大統領ですが、就任時には大統領として奴隷制度は維持する、しかし、アメリカ合州国の分裂は避けるという方針を表明しました。それは、大統領の職務が憲法を維持し擁護し防衛することであり、奴隷制度が憲法で認められていたからです。

しかもこの宣誓が、単に形式を守るだけのものではないことも、オバマ大統領の第一次就任式の際の「アクシデント」によって示されています。実は二〇〇九年一月二十日の就任式で、オバマ大統領が憲法に規定されている通りの言葉を述べなかったのです。宣誓の言葉は、まず、最高裁判所の長官が憲法通りに宣誓の言葉を読み、それを大統領が復唱することになっているのですが、一月二十日には、最高裁のジョン・ロバーツ長官が順序を誤った上に、「of」を「to」と読み違えてしまったのです。ただし、ミス自体はマイナーなもので、宣誓の中身に影響を与えるレベルのものではありませんでした。

ホワイト・ハウスの公式見解では、それでも就任式は憲法通りに行われたことになっているのですが、「念のために」翌一月二十一日に、ホワイト・ハウスのマップ・ルームで、記者団や大統領側近等の少人数を前に、今度は正確に宣誓が行われました。「念のため」とは言っても、憲法で定められていることを疎かにしてはいけないという姿勢が真っ直ぐに伝わってきます。

翻って、日本ではどうなのでしょうか。うれしいことに、わが国でもしっかりと宣誓が行われています。なかでも特筆に値するのは、平成天皇即位の際の宣誓です。憲法の規定を引用しながらのメリハリの利いた言葉です。一九九〇年十一月十二日に行われた「即位礼正殿の儀おことば」のなかでの当時の新天皇による「宣誓」を引用します（宮内庁ホームページ http://www.kunaicho.go.jp/okotoba/01/okotoba/okotoba-h02e.html#D1112 二〇一九年五月十九日閲覧）。読んでいただく際の注意として、傍線を付したのは昭和天皇への言及部分です。グレーの網かけは、宣誓に相当する部分です。

さきに、日本国憲法及び皇室典範の定めるところによって皇位を継承しましたが、ここに即位礼正殿の儀を行い、即位を内外に宣明いたします。

このときに当たり、改めて、御父昭和天皇の六十余年にわたる御在位の間、いかなるときも、国民と苦楽を共にされた御心を心として、常に国民の幸福を願いつつ、日本国憲法を遵守し、日本国及び日本国民統合の象徴としてのつとめを果たすことを誓い、国民の叡智とたゆみない努力によって、我が国が一層の発展を遂げ、国際社会の友好と平和、人類の福祉と繁栄に寄与することを切に希望いたします。

「日本国憲法を遵守し、日本国及び日本国民統合の象徴としてのつとめを果たすことを誓い」と明確に述べているのですから、これだけで「宣誓」として十分です。

実はもう一点、気の付いたことがあります。それを説明するために、前年の一九八九年一月九日に行われた即位後朝見の義における「おことば」を読んでみましょう。即位後朝見の義とは、「即位された天皇陛下が、ご即位後初めて公式に三権の長を始め国民を代表する人々と会われる儀式」です（宮内庁ホームページ http://www.kunaicho.go.jp/okotoba/01/okotoba/okotoba-h01e.html#D0109 二〇一九年五月十九日閲覧）。

大行天皇の崩御は、誠に哀痛の極みでありますが、日本国憲法及び皇室典範の定めるところにより、ここに、皇位を継承しました。

深い悲しみのうちにあって、身に負った大任を思い、心自ら粛然たるを覚えます。

顧みれば、大行天皇には、御在位60有余年、ひたすら世界の平和と国民の幸福を祈念され、激動の時代にあって、常に国民とともに幾多の苦難を乗り越えられ、今日、我が国は国民生活の安定と繁栄を実現し、平和国家として国際社会に名誉ある地位を占めるに至りました。

ここに、皇位を継承するに当たり、大行天皇の御遺徳に深く思いをいたし、いかなるときも国民とともにあることを念願された御心を心としつつ、皆さんとともに日本国憲法を守り、これに従って責務を果たすことを誓い、国運の一層の進展と世界の平和、人類福祉の増進を切に希望してやみません。

ここでも、即位の際と同じように憲法を遵守することを誓っています。三権の長の前での宣誓で「皆さんとともに」という言葉があるのは、99条を念頭に置いての表現だからです。この点については、さらに詳しく論じます。

もう一か所、傍線を付した部分と、ほぼ一か月後の同年、二月二十四日に挙行された昭和天皇の大喪の礼の際の「御誄《おんるい》」と呼ばれる弔辞を比較してみましょう（宮内庁ホームページ http://www.kunaicho.go.jp/about/history/onrui-h01.html 二〇一九年五月十九日閲覧）。

明仁謹んで御父昭和天皇の御霊に申し上げます。崩御あそばされてより、哀痛は尽きることなく、温容はまのあたりに在ってひとときも忘れることができません。槻殿《しんでん》に、また殯宮《ひんきゅう》におまつり申し上げ、霊前にぬかずいて涙すること四十余日、無常の時は流れて、はや斂葬の日を迎え、轜車にしたがって、今ここにまいりました。

顧みれば、さきに御病あつくなられるや、御平癒を祈るあまたの人々の真心が国の内外から寄せられました。今また葬儀にあたり、国内各界の代表はもとより、世界各国、国際機関を代表する人々が集い、おわかれのかなしみを共にいたしております。皇位に在られること六十有余年、ひたすら国民の幸福と平和を祈念され、未曾有の昭和激動の時代を、国民と苦楽を共にしつつ歩まれた御姿は、永く人々の胸に生き続けることと存じます。こよなく慈しまれた山川に、草木に、春の色はようやくかえろうとするこのとき、空しく幽明を隔てて、今を思い、昔をしのび、追慕の情はいよいよ切なるものがあります。

誠にかなしみの極みであります。

［傍線は筆者］

当時の新聞報道には、御誄の読み原稿には「ひたすら国民の幸福と世界の平和」と書かれており、それを読む際に「世界」を飛ばして読んだのだとの説明がありました。

スピーチを読む際に、読み間違うことは誰にでも起こります。しかし、意図的に読み替えたり読み飛ばすこともあります。たとえば、私自身の経験ですが、二〇〇四年の平和宣言では「米国の唯我独尊主義はその極に達しています」という表現を使う予定でした。当日のプログラムにまで印刷されていた言葉でしたが、「唯我独尊」を自己中心的な意味で使うべきではないという指摘を浄土真宗の関係者や多くの市民から受けました。

八月六日以前に平和宣言の表現について、多くの人から異論が出たのはこの時だけでした。異論を唱えた人たちにとってはそれほど重要な問題だったわけですし、その理由も理解することができました。何より平和宣言がもとになって、不必要な対立を生んでしまっては、平和宣言の存在そのものの意義を損なってしまいます。そう考えて、八月六日には、その部分は印刷されていた言葉を修正して、「米国の自己中心主義はその極に達しています」と読み換えました。

同様に、上記の天皇の発言の違いが意図的なものだったとしたら、もともとはお役人の作った原案を尊重しつつ、できるだけ歴史認識や自らの信念も誠実に反映されるように努力をした結果なのかもしれません。その前提で三つの引用を比較してみましょう。

一九八九年の一月九日、二月二十四日、そして一九九〇年の十一月十二日という時間の経過と共に、歴史認識の表現と憲法遵守の決意についての表現が微妙に変化しています。最初の一月九日には、昭和天皇が「世界の平和と国民の幸福を祈念され」たという表現ですが、それに続いての二月二十四日には、「国民の幸福と平和を祈念され」「国民と苦楽を共にしつつ歩まれた」に変わっています。そして次の年の即位の礼では「国民と苦楽を共にされ」だけになっています。

説明するまでもないとは思いますが、あえて解説を付けると、他国との戦争を当事者として遂行した昭和天皇が「世界の平和」を常に願っていたのだ、と述べることに違和感を持つ日本人が仮に少数派だとしても、「敵国」だった国々やそれらの国の国民にはしっくり来ない表現だと言っていいと思います。それがもとになっての議論が起きないよう、日本国民にとっても、他国民にとっても違和感のない、しかも客観的事実としても問題のない表現を選んだ、と解釈できないでしょうか。

そして、「即位礼正殿の儀おことば」に戻ると、この「宣誓」は憲法99条に則っての言葉になっているのです。

政治家や公務員、特に「三権の長」もその中に含まれていますが、加えて、天皇にも憲法遵守を義務づけているのです。だから「皆さんとともに」なのです。再度条文を掲げます。

第99条　天皇又は摂政及び国務大臣、国会議員、裁判官その他の公務員は、この憲法を尊重し擁護する義務を負ふ

❖総理大臣も宣誓を

つい、天皇「にも」と書いてしまいましたが、「真っ先に」天皇が出てくるのですから、天皇の憲法遵守義務が公務員のそれと比べてより重い意味を持っていると読むべきでしょう。だからこそ、天皇は即位にあたって、その義務を「宣誓」という形で厳粛に述べているのです。真摯に99条に従っていることの証です。

天皇の憲法遵守義務についてはすでに言葉を尽くしましたが、ここでは総理大臣をはじめとする内閣が、天皇の国事行為について助言と承認を行う立場にあることとの重みを再度、指摘するだけにしておきましょう。その責任者である総理大臣は主権者に対する「宣誓」をしないのですが、それでいいのでしょうか。国会に対しての責任はあるのだからそれでいいという考え方もありえるとは思います。しかし、「国民の総意」によって象徴とされている天皇への助言や承認をする立場の総理大臣が、国民に向けて「直接」、「宣誓」をしていなくても本当に大丈夫なのかという心配が生じても不思議ではありません。

もう一点、天皇は世襲制ですから主権者によって選ばれる地位ではありません。それでも「宣誓」をしたのです。それなら選挙で選ばれる総理大臣が、選ぶ側つまり主権者である国民に宣誓をするのは至

極当然だと思えるのですがいかがでしょうか。99条を心から尊重する気があるのなら、総理大臣が就任する際に国民に向かって「宣誓」をする新たな制度を創らなくてはなりません。

宣誓をしない技術的理由として考えられるのは、総理大臣が就任にあたって国民に対して宣誓をするという決まりのないことです。憲法の規定としても国会の決まりとしても存在しないのです。また、決まりではなくても「慣例」として宣誓が行われてきたという歴史もありません。当然、どんな形で自分の職務を果たしてゆくのかを簡潔明瞭に表現する言葉も決められてはいません。

いや、宣誓はしないけれどそれと同じくらいの重みのある形式があるから大丈夫、という反論もありえると思います。それは、憲法6条に従って執り行われる、総理大臣を任命する親任式です。

第6条　天皇は、国会の指名に基いて、内閣総理大臣を任命する。

2　天皇は、内閣の指名に基いて、最高裁判所の長たる裁判官を任命する。

確かに、親任式も大切です。それに対しては、同じく憲法の条文を引用して宣誓の大切さを弁護してみましょう。憲法の15条です。

第15条　公務員を選定し、及びこれを罷免することは、国民固有の権利である。

これをもとに、総理大臣のリコール制度は導入できますし、当然創設すべきだと思います。詳細については別の機会に譲りますが、リコール制度を機能させるための前提として、「宣誓」を義務化し、その義務に違反した場合にはリコールのメカニズムが発動する、といった形が必要になります。リコールと一体になった宣誓の代わりは、親任式ではできません。

アメリカの大統領はといえば、宣誓が義務づけられているのと同時に弾劾制度、つまり罷免の手続きが決められています。罷免制度のあるなしと宣誓のあるなしとは連動しているのです。

宣誓をするだけでは、憲法に忠実に職務を行うべき総理大臣が本当にしっかりとした仕事をするための即効薬にはならないかもしれませんが、一歩ずつ前に進むことも大切です。総理大臣としての仕事の重みを実感してもらい、憲法を遵守することが総理大臣の果たすべき最大の義務であることを肝に銘じてもらうための仕組みとして、短くしかし総理大臣の決意と責任を明確に示す宣誓を行うよう検討すべきだと思うのですが、いかがでしょうか。

最後に、第八章で詳述した天皇の憲法遵守義務を思い起こしていただければ幸いです。天皇は、天皇という地位を賭して、さらには生身の人間としての人生を重ねるような形で、憲法遵守義務を真摯に真正面から果たしています。しかも天皇の意図を憲法に則った言葉で宣誓しています。総理大臣にそれと同じレベルのコミットメントを期待するほうがおかしいのかもしれませんが、天皇との落差の大きさには絶望感すら持たざるをえません。現実に政治の場で行政の長としての責任を果たす大前提として、天皇に準ずるくらいの気持ちで遵守義務を果たしますとの宣誓を行っても罰は当たらないはずなのですが。

❖集合論的な宣誓を

その際、アメリカの大統領が宣誓する内容からも学べることがまだあります。アメリカで、大統領が就任するにあたり、宣誓をしてまで義務として課しているのは、憲法を「維持」し、それを保護あるいは擁護《プロテクト》する――イメージとしては、母親が子どもをわが身で覆って雨から守るような感じ――イメージです。defendとは、攻撃を加えてくる敵に対して、こちらも力を使って闘ってでも守るイメージです。法律的には、それぞれ意味のある言葉のはずですが、イメージとしてはかなり強烈な義務なのです。defendの訳として「防衛」という言葉を使ったのも、これほど強い意味があるのだという点を伝えたかったからです。

「憲法を守る」という一言で済ませても一見、問題はないように思える事柄なのですが、大切なのは、「守る」の内容を、三つの言葉で言い直すことにより、その範囲をきちんと規定している点です。つまり、「守る」が包含する意味の範囲を一つの集合として、そのすべてに言及し、そしてその外にははみ出さないという視点からの言葉になっていることです。

アメリカ建国の父たちに集合論的直観があったのかどうかは分かりませんが、少なくとも論理的な思考力はかなり高かったと言っていいのではないかと思います。

対して、日本国憲法の規定には穏やかな言葉が使われています。尊重と擁護です。擁護は、英語のprotectに相当する言葉だと思いますが、この違いが政治全般に大きな影響を与えているような気がしています。

集合論的な立場がもっとはっきり表れているのが、法廷における宣誓です。昔懐かしいアメリカのテレビドラマ『ペリー・メイスン』でも、最近の人気番組『ボストン・リーガル』でも、法廷でのやりとりがドラマの山になっています。アメリカの法廷での宣誓は、集合論的には水を漏らさぬ規定です。

その宣誓の言葉ですが、アメリカの法廷の標準的な言葉は次のようなものです。まず、廷吏が証人に聞くのですが、

Do you solemnly swear to tell the truth, the whole truth, and nothing but the truth?

直訳すると、「あなたは、真実、すべての真実を述べ、そして真実以外は何も述べない、と厳粛に誓いますか」ですが、「solemnly」のところは、「良心に従って」くらいに意訳したいところです。証人は「I do.」と答えます。

つまり、証言の内容を真実か否かという篩《ふるい》にかけた時、その結果が、真実という集合でなくてはならないと言っているのですが、大切なのはその次です。真実と言っても、真部分集合も「真実」の一部ですから、その一部だけを述べれば一応「真実を述べた」ことにはなるのですが、真部分集合だけでは駄目ですよ、余すところのないすべての真実を述べることが必要なのですよ、と念を押しているのです。

とはいえ、思い余って真実以外のことまで喋ってはいけないのですよ、という意味で、今度は真実と

それ以外の属性を持った「宇宙」に目を向けて、真実の補集合について言及してはいけない、と釘を刺しています。集合論的には水を漏らさぬ規定なのです。

さて、日本の法廷ではどうなるのでしょうか。標準的な宣誓と、国会での証人喚問の際の宣誓を見てみましょう。

良心に従って真実を述べ、何事も隠さず、偽りを述べない旨を誓います。（裁判所）

「宣誓書　良心に従って真実を述べ何事も隠さず、また、何事も付け加えないことを誓います　（日付・氏名）」と宣誓書を朗読（宣誓）し、宣誓書に署名・捺印しなければならない。（国会）

日本語としてはこのほうが分かりやすいので、これでもいいと思いますが、英語版と比べて客観性が薄くなっているように思えます。英語では、集合全体でなくてはならない、真部分集合だけでは駄目、それから真実という集合の外も駄目という形で、集合についての客観的な記述になっています。ところが、日本語版は証人の言動についての規定になっています。「隠す」「付け加える」「偽りを述べる」は証人の意図的な行動です。

極端なことを言えば、「隠す」気持ちがなければすべての真実を述べなくてもいいことになりかねません。そして、「真実」かどうかの判定、あるいは定義と言ったほうがいいのかもしれませんが、それに、一人一人の人間の行動や意図が関わってくるとなると、真実の客観性が薄れてしまうのではないでしょうか。集合論的な表現のほうがよりふさわしいと思うのは、私が数学を勉強したからなのかもしれませんが——。

最後に、総理大臣の宣誓は、これまでの伝統も踏まえつつ、集合論的にも美しい内容のものにしてほしい、という願望を述べておきます。

総理大臣が宣誓をしただけですべての問題が解決するわけではありませんが、こうした問題提起も含めて、日常的なレベルで憲法についての議論が行われ、現実の政治課題との関係に新たな展望が加わることを期待するのは楽観的すぎるでしょうか。

付論1 憲法の通説・定説

本書では憲法を「数学書として読む」試みをしています。そのなかでも大切なのは、「self-contained」つまり「自己完結的」に読むことです。ですから基本的には、他書を引用してその結果を参照しながら論を進めることはしていません。本書の読み方として著者が想定しているのは、ユークリッド幾何学の入門書を読むときと同じように、公理から出発して純粋に論理をたどることで、外部からのインプットはなしに定理に至る道筋を楽しむというものです。例えば三角形の内角の和は180度であることを証明するプロセスを想起してください。

ただし、第五章と六章、そして第七章は例外です。第五章では、昭和二十三年の最高裁判所判決を引用していますが、これは、その内容を憲法と同列に見て「数学書として読む」ためなので、問題はないでしょう。第六章の内容は、憲法99条の憲法遵守義務が法曹界ではどう受け止められているのかを紹介しています。内容紹介だけならこの「付論1」の一部にすればよかったのですが、「法的義務」か「道徳的要請」かが本論のテーマですので、学説の紹介にとどまらない形のコメントが中心になりました。その結果、本論に入れておいたほうが理解しやすいであろうと考えた次第です。

第七章は、条文のなかですでに対立している、あるいは矛盾しているように読み取れるくだりがあるため、その解消のために、この点について憲法の専門家がどう考えているのかを紹介しました。しかしながら、従来の解釈による「矛盾の解消」を行ったとしても、実際は矛盾が解消されていないという問題提起をしましたので、本文中で論じたほうが分かりやすいと判断しました。

私自身、憲法を「数学書として」自己完結的に読む試みを、予期していた以上に楽しむことができ、草稿の段階で小論を読んでもらった友人たちからも同じような感想をいただきましたので、著者としてはかなりの達成感を味わうことができました。しかし、憲法の読み方がこれだけでないことは言うまでもありません。特に若い皆さんの中には、これから憲法を学びたいと考えている方もいるでしょうから、そんな皆さんの参考になればと、手元にある何冊かの憲法の教科書の中から、本書で取り上げたトピックのいくつかについて、標準的な学説にはどんなものがあるのか、最小限ではありますが紹介しておきたいと思います。

とはいえ、憲法学と呼ばれる分野は壮大な建築物に喩えられます。そのなかの中心的な概念の一つが、本書でも丁寧に読んだつもりの基本的人権ですが、その説明だけをとってもかなりのスペースが必要になります。逐条解説の場合を除いて、それは条文の一つ一つの説明をする以前に、まず「基本的人権」

という人類の宝である概念を法的に整理した構造物を描写した上で、憲法の条文がその構造のなかでどのような位置づけになっているのかを説明しています。

その構造物がどのようなものであるのかを理解しなければ、条文の意味も正確には把握できない場合もあるため、まず憲法という壮大な建築物を分かりやすく要約するのが順序なのですが、スペースの関係もあり、それ以上に本書の力が及ぶところではありませんので、詳しくは標準的な教科書にあたることをおすすめします。

したがって、以下の私の整理は、これらの条文についての万言を費やして書かれた解説のほんの一部を取り上げたものです。本書との違いができるだけはっきりするように抜粋していますので、憲法学全体から見ると偏っていたり不十分な要約だと思います。基本的人権以外の部分でも同様な不十分さや欠陥のあることは言うまでもありません。

さて、私が日常的に参照した教科書やサイトは以下の通りです。

①美濃部達吉著・宮澤俊義増補『新憲法逐条解説』(日本評論社/**美濃部・宮澤書**と略)
②芦部信喜著『憲法　第六版』(岩波書店/**芦部書**と略)
③佐藤幸治著『日本国憲法論』(成文堂/**佐藤書**と略)
④星野安三郎・小林孝輔監修『口語 憲法』(自由国民社/**星野・小林書**と略)
⑤日笠完治著『憲法がわかった』(法学書院/**日笠書**と略)

⑥法学館憲法研究所による『日本国憲法の逐条解説』（伊藤真氏による解説、オンラインＵＲＬは
http://www.jicl.jp/old/itou/chikujyou.html ／伊藤解説と略）

以下、いくつかのキーワードについて、これらの教科書・サイトからの説をご紹介しますが、どこから引用するのか、あるいはどの内容を要約するのかという判断基準は、基本的に短い記述であることを最優先し、さらに私にとって分かりやすい説明であったという、客観性や公平性とは無関係な物差しであることをお断りしておきます。

（A）「上諭」

日笠書では、「上諭」が憲法の構成部分ではないことを明言しています。**星野・小林書**には、「上諭」の説明があります。しかし、**日笠書**も**星野・小林書**も上諭中に「国民の総意」が取り上げられていることとの意味には触れていません。**芦部書**では「上諭」と「前文」との矛盾に触れていますが、「国民の総意」の意味づけには触れていません。

美濃部・宮澤書、**佐藤書**そして**伊藤解説**では、「上諭」についての言及はありません。

（B）「国民の総意」

本書の論述中、「国民の総意」が大切だったのは、それが現実の世界には存在しないにもかかわらず、

「数学書として」の視点からは、つまり公理の集りであるとみなされる憲法のなかでは、意味のある存在だという点でした。

しかし、上記六書のなかで「国民の総意」が実在するかどうかについて明示的に言及しているものはありません。「国民の総意」の意味を詮索せずに、「象徴」や「国民統合」の意味についての説明のために使われています。唯一、**美濃部・宮澤書**の説明は、明示的にはその点を認めてはいませんが、「国民の総意」について、暗黙裡に絶対性を認めているようにも読み取れます。しかし、他書と同じく、天皇を象徴として位置づけている根拠が国民の意思、つまり総意にあることを強調していると読む方が自然です。

そんななか、**伊藤解説**では、「天皇制にどのような意味づけを与えるかはまさに主権者たる国民の「総意」、つまり私たちの意識の問題です」という説明があり、これは、「国民の総意」が現実世界には存在しないという前提があっての記述なのかもしれません。

(C)「憲法改正」

本書で問題にしているのは、憲法改正の手続きを規定した96条があってもその対象にしてはいけない条項が存在することでした。憲法の専門家の間でも、この考え方は定説あるいは通説として共有されているようです。例えば、**伊藤解説**では、96条の逐条解説として、次のように述べられています。

本条で、通常の法律の改正手続きよりも困難な憲法改正手続きを定めることで、法律のように簡単に改正を許さないものとしました（硬性憲法）。憲法改正はもとの憲法の存続を前提とするものですから、もとの憲法との同一性を失わせるような改正は不可能です。また、基本的人権の尊重、平和主義、国民主権という基本原理に反する改正は許されません（憲法改正限界説）。現行憲法の最大の特長である9条2項を削除するような改正は日本国憲法の本質を変えてしまうものであり許されないと考えます。

なお、憲法に違反しない範囲での条文解釈の変更は可能ですが、憲法違反の解釈を解釈改憲の名の下に行なうことなどは許されません。たとえば集団的自衛権の行使は憲法上許されないのであって、政府がその解釈を変えたとしても行使できるようになるものではありません。二〇〇七年五月に成立した憲法改正手続法により、二〇一〇年には国会による憲法改正案の発議が可能となります。

（二〇〇八年一月二十五日）

もっとも、**芦部書**では、国際平和の原理が憲法改正権の外にあることは認めつつも、「それは、戦力保持を定める9条2項の改正まで理論上不可能である、ということを意味するわけではない（現在の国際情勢で軍隊の保有はただちに平和主義の否定につながらないから）、と解するのが通説である」と述べて、この点では**伊藤解説**とは異なった見解を示しています。

結論ももちろん大切ですが、本書の基本は「数学書として読む」ことです。特にその出発点になっている「公理」に注目していますし、そこからどのような結論に至るかの筋道です。となると、憲法改正に限界があるという学説についても、どのような根拠があり、そこからどんな推論によって結論に至っているのかを見ることに関心を持たざるをえません。

以下、**星野・小林書**の説明の要約です。

憲法を制定する権利を持っているのが主権者である国民であり、その国民の負託によって改正する権利も与えられていることから、改正権を与えている主体に対しての改正権行使はありえない。つまり、国民主権の原則は変えられない。その特別の場合として、国民投票によって最終的には改正するかどうかが判断される96条は変えられない。

次に、「根本規範」と呼ばれる近代憲法の基本的概念、基本的人権を変えることは許されないということも当然である。この考え方は前文で、人権と国民主権は「人類普遍の原理」であり、「これに反する一切の憲法、法令及び詔勅を排除する」と宣言されていることから、変えることはできないのである。

さらに、**星野・小林書**を引用します。

日本の場合、新憲法には、外国の憲法のように、特定の改正を禁止する規定はない。けれども、憲法の前文において、人類普遍の原理を規定し、「この憲法は、かかる原理に基くものである」といい、さらに「われらは、これに反する一切の憲法、法令及び詔勅を排除する」と規定したことにおいて、憲法改正に一定の限界があることを前提にするといえるだろう。さらに九条については、一項には、「永久に」これを放棄するとあり、改正の対象になりえないのは明らかだが、二項には、永久という規定がないから改正できるという考え方は、文字の表面的な規定だけに目を奪われて、九条二項がこの憲法に占める原理的・基本的地位と意味を見ないものとして、採用できない説といってよい。

本書の立場は、むしろここで「文字の表面的な規定だけに目を奪われて」と記述されている読み方をすることとなのですが、それとは対照的なのが、「九条二項がこの憲法に占める原理的・基本的地位」を重んじるという立場です。字義通りに憲法を読む本書の立場とは異なる立場なのですが、これこそ、本書と定説・通説との違いを浮き彫りにしているような気がします。

あえて一言付け加えておくと、**星野・小林書**において、前文については文字通り素直に読んでいるのに、9条は「表面的」な規定に目を奪われる読み方を採用していないのは不思議です。この点についてこれ以上言を費やすことはしませんが、字義通り読む立場からの注釈を付けておきます。**星野・小林書**では、9条の2項には「永久に」がかからないと読んでいるようですが、9条の2項も1項の「永久に」に縛られています。したがって、改正不可なのです。

本書も含めて、憲法改正ができない条文があるという立場は、「憲法改正には限界がある」と表現されているようですが、それとは反対に「無限界説」も存在します。つまり、すべての条項が憲法改正の対象になるという立場です。これらの諸説は、**日笠書**によると、無限界説の場合、法実証主義的無限界説と主権全能論的無限界説があり、また限界説の場合には法論理的・憲法内在的限界説と自然法的限界説があるようです。これらの説の内容を紹介するだけのスペースは割けませんので、上記教科書のいずれかをご参照ください。

（D）12条「国民の不断の努力によつて、これを保持しなければならない」、13条「すべて国民は、個人として尊重される」、25条「健康で文化的な最低限度の生活を営む権利を有する」、ならびに36条の「残虐な刑罰」

12条、13条、25条は、第四章で、死刑を禁止している条文として引用したものです。それ以外にも死刑禁止を規定している条文はありますが、その意味ではここに掲げた三つの条文と本質的にあまり違いがありませんので、略します。第四章では、これらの条文が意味を持つためには、国民一人一人が生きていなくてはならないという点に着目しました。さらに、国家権力が個人の生命を奪うという行為は、それらの条文が義務づけていたり、権利として保障していたりすることそのものの否定になる事実を指摘しておきました。この点について定説・通説ではどう述べているのでしょうか。ここでもさらに的を絞って13条に注目します。その他の条文についての各教科書の解説もそこから類推していただけるはずです。

その際、国家権力による死刑が許されるかということが問題でしたので、死刑の問題が取り上げられるときには必ず言及される36条も視野に入れています。

美濃部・宮沢書では、13条について、「個人としての生存こそすべての人権の基本たるべきもので、本条はすなわちこの個人としての生存の権利を尊重することを、国政の基本として宣言しているのである」と述べています。**星野・小林書**でも「基本的人権はこのような性格を持つから立法・行政・司法の国家権力によって侵されてはならないばかりか、たとえ憲法改正によっても奪われるものではない」と記述しています。他の教科書でもこの趣旨の記述がありますので、基本的な考え方は一致していると考えていいでしょう。

一般論から離れて死刑に的を絞ると、**伊藤解説**では、他書とは違って明確に、「絞首刑による死刑は残虐な刑罰に含まれないとするのが判例ですが、死刑そのものが個人の人間としての尊厳を否定する点で残虐であり違憲と考えます」と述べています。

その他の教科書では、36条の解釈とともに死刑が論じられてはいるのですが、死刑が禁止されているという結論は採用していません。それらの書では、昭和二十三年の最高裁判決における36条の解釈を紹介した上で、死刑が違憲ではないとの説明がなされています。それに対する反対論のあることや近年の社会の動きが紹介されている場合もありますが、そこから死刑の存置について、憲法の条文だけに依拠して、かつ条文の文字通りの意味にまで遡って議論をするという論の立て方はしていません。

（E）「公共の福祉」

どの教科書にもこの概念についての諸学説の詳細な記述がありますが、本書との関連では、13条についての星野・小林書の次の一節が分かりやすい導入部になっています。

本条の解釈において、憲法で保障された国民の権利を「公共の福祉」のために制限する根拠規定と解するとらえ方と、その逆に、「公共の福祉」に反しないかぎり、基本的人権に最大の尊重をはらうべきことをすべての国家活動の指導原理とした規定だとするとらえ方がある。最高裁判例は、前者の立場を死刑が「残虐な刑罰」に当たらないとした判決で示してきているし、また「公共の福祉」概念を「法律の留保」と同じ概念となることをおそれる学界は後者の立場に立っている。

その上で、星野・小林書では諸学説を次頁の表のように簡潔に整理しています。各学説の根拠となる考え方が一番下に掲げられています。このなかで学説(2)は、条文の解釈をもとにしていますので本書の読み方と近いのですが、必要条件と十分条件の違いや、「公共の福祉」そのものの定義についてはその他の学説や判例と同様に本書との違いがありますので、注意してください。

さらに、第三章で強調したのは主語一致の原則です。13条では、最大の尊重をしなくてはならないのは公権力ですが、その例外規定として述べられている、公共の福祉に反するか反しないかという行動

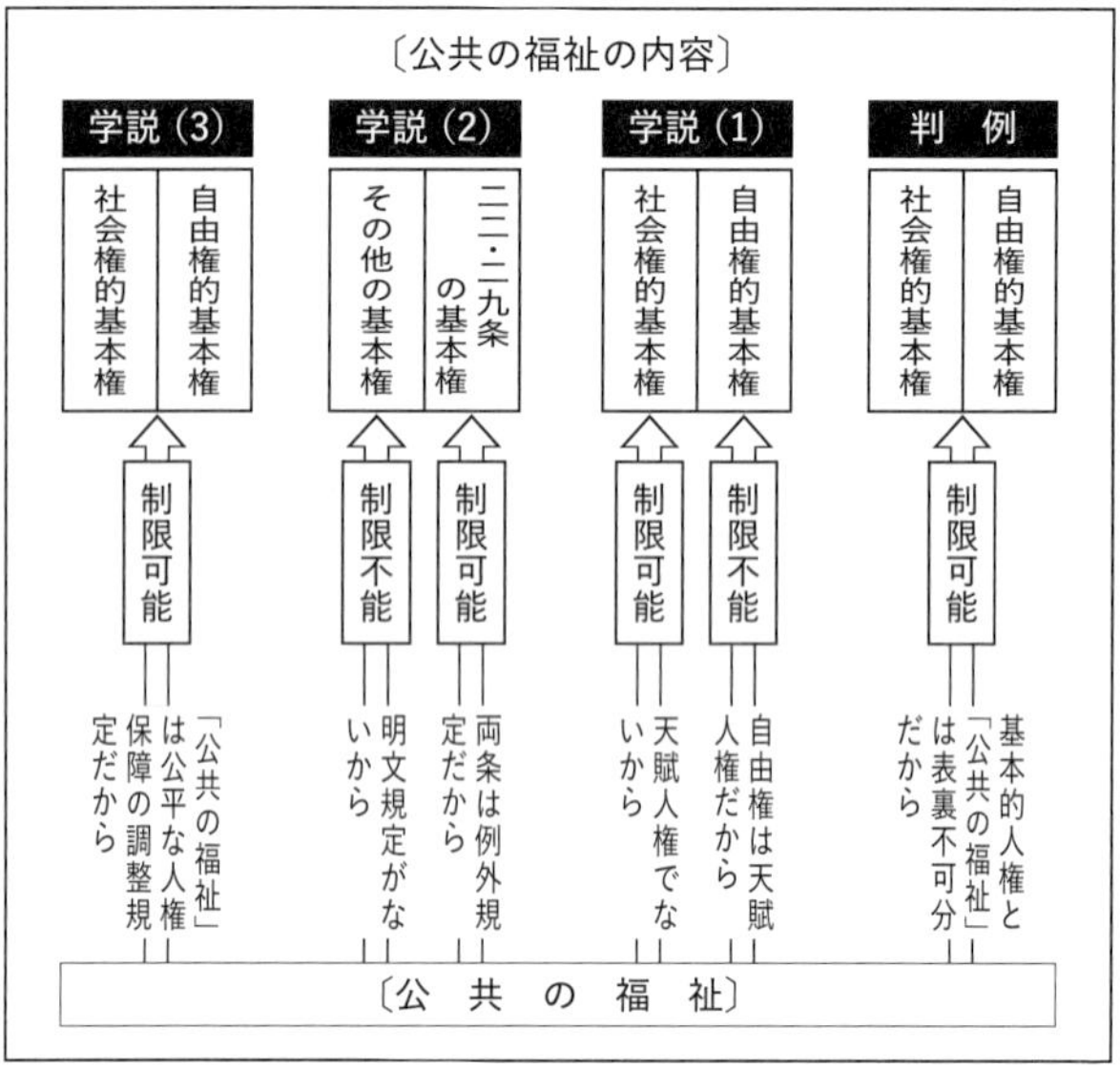

星野安三郎・小林孝輔監修『口語 憲法　改訂増補版』（自由国民社，2002 年），64 頁より

を取る主体も公権力だという点です。主語一致の原則を尊重しているかどうかという違いを分かりやすく表現しているのが、13条の後半をどのように二つに分けて読むのかという「読み分け」の違いです。

「生命、自由及び幸福追求に対する国民の権利については」で息を継いで、次に「公共の福祉に反しない限り、立法その他の国政の上で、最大の尊重を必要とする」と読む場合は、主語一致の原則が生きていますが、「生命、自由及び幸福追求に対する国民の権利については、公共の福祉に反しない限り」をひとまとめにして読んで、その後に「立法その他の国政の上で、最大の尊重を必要とする」と読むのでは、その原則を無視していると考えられます。

芦部書に従って学説の歴史をたどりながら、この違いと諸学説との関係を整理してみると、一元的外在制約説、内在・外在二元的制約説、一元的内在制約説、二重の基準論では、「公共の福祉」は憲法の外にあることになります。「内在」と「外在」の違いは、対象とされる「人権」それぞれに「公共の福祉」という概念が「内在」しているのか、あるいは、その外側にある判断基準として機能しているのかどうかという点にあります。

対して、比較衡量論とは、「すべての人権について、「それを制限することによってもたらされる利益とそれを制限しない場合に維持される利益とを比較して、前者の価値が高いと判断される場合には、それによって人権を制限することができる」というもの」ですので、本書の立場、つまり、公権力が人権を最大尊重した場合に、そのことが公共の福祉に反する結果をもたらすとすれば、最大尊重が制限される、という立場と、考え方のパターンは同じだと考えられます。

再度強調しておきたいのは、本書では、この考え方の根拠として、13条を日本語の文法に従って字義通りに読むことに置いているという点です。

(F)「勤労の義務」

本文中にいくつかの考え方の紹介をしましたが、この義務も「憲法マジック」によって法律上の義務ではないと解釈されています。付言すると、**星野・小林書**によると、「この条文の勤労の義務も国民の具体的な法律上の義務ではない」ということですし、それは「たとえば、旧ソ連憲法12条「働かざるものは食うべからず」というような労働の義務ではない」という説明がついています。そしてその意味は、資本主義が前提になっていること、そこでは個人責任主義が採用されているので「国家が国民を強制的に働かせることはできないとされる」という結論です。

また伊藤解説では、「なお、勤労の義務が課されていますが、働く能力も機会もあるにもかかわらず、働こうとしない者は、生活保護を要求できないという意味に解されています」との説明がされています。

第八章、第九章、第十章で扱った条文については、本文中での定説・通説の説明で十分でしょう。特に99条については、条文を字義通り読むという本書の立場と、そうではないと考える判例や学説との違いは明白だと思います。

付論1では、浅学の非を省みず通説・学説の要約をあえてすることになりましたが、にもかかわらずそれに挑戦したのは、本書の目的である、憲法をまず字義通り読むことの意味を立体的に捉えていただきたかったからでもあります。その意図が少しでも達せられたことを祈っています。

付論2
権力者の知的責任

　私は、いわゆる「護憲派」として、しかも国会議員や市長という立場から憲法に関わってきましたので、「改憲」、特に9条の改憲には重大な関心を寄せてきました。ですから、安倍内閣が閣議で解釈改憲をする行為は暴挙としか考えられなかったのですが、それが本書執筆の動機の一つになりました。

　独裁政治、専制政治が極端な例ですが、権力を手にした政治家、為政者、その他、権力者と呼ばれる人々が、物理的な力も含めて、つまり軍事力・武力・暴力も含めて力によって自らの意思を実現してきた例は歴史上枚挙に暇がありません。現在の日本政治も、物理的な力があからさまに使われることは少ないとはいえ、総理大臣、そして官邸に権力が集中し、専横的な政治による社会の腐敗、貧困化と劣化は目を覆うばかりです。

　しかし、このような傾向にも真正面から対峙することが大切です。独裁者・専制君主・専横的政治家といえども人間であり、その使い方はともかくとして知性の持ち主だからです。それは、歴史を繙《ひもと》いてみると、彼らが自らの行動の目標を示し、さらにそれを実現する行為を正当化するために並々ならぬ努力をしていることに示されています。極端なケースを、それも極めて単純化して取り上げれば、ヒトラーでさえ、目標である「アーリア人種の支配する世界」実現のための物語を作りださなくてはならなかったのです。この場合は目標と正当化が同じ意味を持っていましたが、正当化に使われたのは、アーリア人種の優越性です。優越性に何の根拠もないことはよく知られていますが、そんなでっち上げまでして正当化する心理的必要性があったとも考えられます。

このように極端な事例によって強調したかったのは、どのような行動も何の束縛もなくできる立場にいる権力者でさえ、正当化が必要だという点です。

安倍政権をヒトラーに準《なぞら》えるつもりはないのですが、国会の議席数や野党の勢力を考えても戦後の日本政治においてこれほどの権力を掌握した例はないのではないでしょうか。その権力を行使するにあたっても当然、それを正当化するストーリーがあるはずです。表立っては、明治以来、一九四五年までの日本を神格化し、それこそ今私たちが再現しなくてはならない目標だと考えているようにしか見えないのですが、到達すべき目標と裏腹の関係にある、その目標実現のためのさまざまな言動を正当化しているのは何なのでしょうか。

いろいろな可能性が考えられますが、仮にそれが「どんなに無茶なことをしても憲法違反にはならない」という御託宣だとしたらどうでしょうか。その理由として、憲法99条の憲法遵守義務の規定は「道徳的要請」にすぎないのだから、解釈改憲も全体の奉仕者としての義務も、義務と考えなくていいのだ。それは裁判所の確定判決として動かすことはできないし、憲法の学説も、法的義務だと主張しているものは一つもない、だから君の思う通りのことをガンガンやってしまえ、と誰かに知恵を付けられたとしたらどうなのでしょうか。

知恵を付けたのは、いわゆる御用学者かもしれませんし、「憲法マジック」を組織的なマントラにまで祭り上げてしまった官僚たちかもしれません。その「説得」を聞く立場に立って考えると、こんなことを日常的に耳元で囁かれたとしたら、ほとんど誰でもそう信じ込んでしまうのではないでしょうか。

そもそも自分が目標としていることを実現する上で、自ら選択した手段が正しいと言われればそれに飛びつくのが普通です。そんな状態にある人を目覚めさせることは至難の業です。しかし、それで諦めてはならないのです。それに対抗するための有効な手段があるからです。

即効薬ではありませんが、これまで人類が生存し続けてきたのは、知性を最大限に活用して真実を発見し、仲間を増やしてその真実を広げ、真実に依って人類全体としての方向性が決められるというプロセスを丁寧に踏み、時代とともにより確固たるものにしてきたからです。

一言でまとめてしまえば、「科学的」な方法になってしまうのかもしれませんが、出発点は、何が事実であり真実であるかについて、徹底的に問い続けることです。そしてその真実を共有する仲間を増やすことが必要です。次にその事実・真実をもとに、論理的に一歩ずつさらなる事実を確認することです。この段階では、多くの人が意見を出し合い、疑問を呈しながら次に進むことが大切です。それに対して平気で嘘を並べる人間が多いことも頭に置いて、一言一言を聞き、語らなくてはなりません。

人類の知性に期待していい根拠は多くありますが、たとえば、かつて地球は平らだと信じていた人類が、地球は丸いという事実を認めたことだけからも、知性の力を信じられるのではないでしょうか。

私が政治の世界に足を踏み入れてから、一番苦労したのはこの点だと言っても過言ではありません。対応するのが難しいという意味ではなく、数量的にいかに多くの言説が、このような虚偽に満ちていたかという点が問題だったのです。その一つ一つに対して、論理的にそして冷静さを失わずに対応するのには、時間もエネルギーもかかります。広い意味での仲間内の妥協が必要な時もあります。しかし、大げさに思われるかもしれませんが、どこかで誰かが問題提起をし続けなければ、正義は失われ、真実は口を閉ざしてしまうのです。

そのような環境で、私が直接受け止めることになった非論理的言説の極みを皆さんと共有することで、事の深刻さを少しでもご理解いただければと思い、いくつかの例を以下に掲げます。

官僚と呼ばれる人すべてがこのような行動を取っているのではありません。それは皆さんもご存じだと思います。しかし、官僚のトップを占めたレベルの人々のなかで、かなりの人たちがこのような発言を平気でしていることも事実なのです。しかもそれは、憲法41条が国権の最高機関として規定している国会の委員会やその準備のための勉強会等において、議事録に残ることを承知での、難しい試験を何度もクリアーしてきた、頭の良さでは定評のある官僚たちの言葉なのです。それがいかに反知性的、非論理的であるかを実感していただきたいのです。

❖例外を除けば後は理屈通り

資料整理が行き届いていないため、何年何月何日にどこでと特定できないものもあるのですが、記憶をたどって私の経験を再現します。論理性を浮き彫りにするため短く要約しています。まずは小選挙区制の導入がテーマだった政治改革特別委員会の模様です。あるいは、官僚を交えての勉強会だったかもしれません。

小選挙区制のほうがそれまでの中選挙区制より優れているという主張の柱としては、政権交代が起きやすくなる、選挙にお金がかからなくなる、政策本位の選挙になる等が掲げられていましたが、もう一つ大切だったのが、一票の格差です。小選挙区制推進派は、小選挙区になると、一票の格差が二倍以上になる選挙区数は少なくなるという主張をしていました。

政治改革特別委員会での議論が進むうちに、新たな制度を採用した暁にはどのような選挙区になるのかという「区割り」案が発表されました。たとえば、広島一区は、広島市の中区と南区そして東区といった具合です。そのなかで全国的には、最も有権者数が少ない選挙区との比較で、有権者数が倍になる選挙区がかなりあったのです。一票の価値という視点から考えると、たとえば、一番有権者数が少ない選挙区の有権者数が一〇万人だったとして、有権者数が二〇万人の選挙区では、一人の議員を選ぶのに、倍の有権者が必要になるという前提になりますので、格差が二倍になってしまいます。

そして、区割り案が発表されてから、一票の格差が二倍以上の選挙区の数を調べてみると、中選挙区制のときよりも多くなっていたのです。推進派の言い分は、「格差二倍以上の選挙区数は減少する」ということでしたので、理屈に合いません。政治改革特別委員会あるいは勉強会で、私はこの点についての質問をしました。

（秋葉）小選挙区制度が導入されると、「格差二倍以上の選挙区数は減少する」というのがこれまでの推進派の主張だが、新たに示された区割り案では、格差が二倍以上の選挙区数は、現行の制度の場合より増えている。小選挙区制度のほうが優れているという主張は引っ込めるべきではないか。

（官僚）確かに、先生のおっしゃることは事実です。しかし、格差二倍以上の選挙区は例外でございます。例外を除いた選挙区については、格差はすべて二倍には至っていませんので、まったく問題はございません。

人を馬鹿にした答弁ですが、官僚から私だけが軽んじられていただけなのかもしれません。しかし、公正な選挙によって選ばれた国会議員に対して、国権の最高機関の仕事の一部としての答弁としてはありえない内容です。でもこれだけではないのです。次の例は科学技術委員会です（一九九三年二月二十三日の科学技術委員会。議事録の文言は一部修正されています）。

❖一日24時間政策を考え続けている

日本の科学技術政策について、世界的な趨勢を視野に入れての抜本的な見直しが必要なのではないかというテーマで、具体策について何度か質問をしていたのですが、時間が必要だということで、次回の委員会までには具体策についての回答をするという「宿題」を出しておきました。その「次回」の委員会で答えを求めた際に、未だもう少し時間がかかるという答弁だったのでそれに対しての質問です。

（秋葉）それほど時間がかかる問題ではないはずだが、これまで一体どれくらいの時間をかけてこの点について検討してきたのか。

（官僚）科学技術は大切な問題ですので、私は、一日二十四時間、科学技術政策について考えております。

こんなに人を食ったとしか言いようがない答弁のあることさえ信じられないと思いますが、これでお終いではないのです。

❖何も変えずに少人数教育を実現する

次は改組前の文部省です。群馬大学だったのですが、新たな教育制度を採用する、その目玉になるのは少人数教育だという案件でした。つまり、大学の一つ一つの授業は今までより少人数で行うというのです。そのためには、先生の数を増やすか、先生の授業担当時間を増やすか、学生の総数を減らすか、取得単位数を減らすことが必要になります（一九九三年四月七日の文教委員会）。

（秋葉）このうちのどれを変えることで、少人数教育を行うつもりなのか。

（官僚）先生ご指摘のように、一般論としてはその通りでございます。しかし、本案件の場合には、現状のまま、何も変えずに少人数教育が実現できる見通しでございます。

つまり、今までとまったく同じ学生数で、教授の数も授業時間も増やさず、学生の取得単位数も変えずに、一クラスあたりの学生数だけが減るというのが答えでした。結局、三〇分もかかって、しかも、先輩議員たちがよく使う「これでは質問が続けられない」という最後通牒を突き付けて、ようやく、教授の数は増やさなくてはいけない、また授業時間が増える場合もあるということを認めさせました。

当然のことですが、ここに挙げた三例のどれを取っても、なぜこんな分かりきった嘘の答弁を官僚たちがするのか理解できませんでした。しかし、それは、真実よりも論理よりも個人の良心よりも、官僚たちの主張は絶対的であるという大前提があるからなのではないかと思います。

❖行政は絶対だ

それをもっと端的に示してくれたのは、広島市のお役人でした。市民と直接やりとりをしなくてはならない地方自治体のお役人のほうが、市民の立場を重んじる傾向があって当然なのですが、それにも例外がありました。

市長になりたての頃、それまでは市民から寄せられるさまざまな質問や要望には基本的に答えてこなかった市の姿勢を改めることにして、市長あての特に重要な「声」には市長自身が回答することにしたのです。そのなかで、土地の境界についての一市民の要望に対する担当部署の態度が頑なだと感じた案件がありました。結論以前の問題として、まずは市民の言い分をしっかり聞くことから始めたらどうかと担当部長に提案したときのことです。

（官僚）そんなことは必要ありません。

（秋葉）なぜ？

（官僚）行政が間違えることはないからです。

❖全体の奉仕者たれ

このような絶望的なやりとりを毎日のように経験していたのですが、最近の森友や加計問題における文書の改竄、そして不正統計という形で、こうした悪しき伝統はしっかり官僚制度の中に生きています。それを変えなくては、日本の政治はよくなりません。

しかもこのような行為が長期にわたって続いているのですから、官僚側には「確信犯」的な動機があるのかもしれません。となるとそれを変えることの難しさも並大抵ではありません。ここでも、政治の浄化のためには、やはり正攻法しかありません。それは99条の復権です。憲法遵守義務が、公務員の義務のなかでも最優先されるものの一つになり、法的整備が行われて罰則まで付されるようになれば、事態が少しは改善されるのではないでしょうか。

希望的観測だと言われるかもしれませんが、それでも憲法99条が復権すれば、憲法15条の重みも増すはずです。となると、15条の「すべて公務員は、全体の奉仕者であつて、一部の奉仕者ではない」から論理的に導かれるいくつかの結論にも同じような重みが加わることになるでしょう。その一つが、公務員の知的誠実さを「義務」とする系です。

［第15条の系］（**知的誠実さ定理**）公務員は知的に誠実でなければならない。人類がこれまで獲得してきた真実を重んじ、それをもとに事実を確認し共有するステップを論理的・科学的に冷静にしかも慎重に踏んで結論に至るべきである。

憲法には、「公務員は知的に誠実であれ」という表現は明示的には使われていませんが、これまで何度も述べてきた、「科学的」であることの基盤をこのような形で整理できたことこそ、憲法の強みなのだと言いたい気持ちです。

この系の証明を念のためにまとめておきましょう。公務員が、全体の奉仕者という役割を果たすためには、意見や価値観、宗教等の異なる人たちの声を傾聴し、必要があれば特定の政策について違う立場の人たちの調整を行わなくてはなりません。その際に必要なのは、まず事実を事実として認め、それに対する判断は違っても何が事実であるかという点については合意することです。そしてその先は、言葉の意味を丁寧に素直に理解しながら、論理的推論を重ねて、それも誰それが言ったからという外からの権威を持ち出すのではなく、自立した個人として自分の頭で考えての結論を重んじつつ、次のステップに進むことです。このような最低限必要なプロセスを、通常私たちは「科学的」と呼んでいます。そしてこのような議論の仕方が全体の奉仕者としての役割を果たすための出発点であることもご理解いただけたでしょう。

そして、政治の場でこのような当たり前のことを実現する上で、一番役立つのが、憲法そのものをあるがままに、しかもこのような姿勢で読むことです。つまり、「憲法を数学書として読む」ことです。人類はこのような手続きの有効性を長い間かかって発見し、それをもとに科学その他の学問を発達させ、滅亡から生き延びるだけでなく、より豊かで平和な社会を作ってきました。

現在の政治状況と官僚の実態、そして憲法99条との間の密接な関係についてはご理解いただけたとして、このような状況を改善することは、一定レベルの知的な能力を与えられている私たち人類の義務ではないかとも思います。次の世代の社会・世界がより豊かでより平和なものになるよう知的能力を活用することは、特に権力を持っている人たち——彼ら／彼女らの多くは知的能力も高いはずなのですが——にとって最重要な知的責任の一つなのです。

付論3
標準的誤解と13条の英訳

❖標準的誤解

第3章では、13条後半の読み方を主語一致の原則に則って整理しましたが、定説・通説ではそれと違った読み方がなされています。これを「標準的」な「誤解」と呼んでおきます。本書では筋の通った読み方を提案していますので、あえてそうではない読み方を取り上げて反論する必要はないかもしれないのですが、念のため俎上に載せておきます。まず、13条の後半部分を再度引用しておきます。

生命、自由及び幸福追求に対する国民の権利については、公共の福祉に反しない限り、立法その他の国政の上で、最大の尊重を必要とする。

誤解が生じやすいのは、言葉の流れの中では、「生命、自由及び幸福追求に対する国民の権利については、公共の福祉に反しない限り」の部分が先頭にあって一続きになっているため、「公共の福祉に反しない限り」が、権利そのものについての制限だと解釈されてしまう可能性があるからです。

この点を直観的に理解するために、付論1でも試みましたが、13条の後半をどう区切って読むべきなのかについて考えてみましょう。読み方の一つとして、まず「生命、自由及び幸福追求に対する国民の権利については」まで一息で読んで、次に「公共の福祉に反しない限り、立法その他の国政の上で、最大の尊重を必要とする」と読む可能性があります。もう一つは、「生命、自由及び幸福追求に対する国民の権利については、公共の福祉に反しない限り」をひとまとめにして読んで、そこで一息ついて、次に「立法その他の国政の上で、最大の尊重を必要とする」という読み方です。さてこの二つを比べてみてどちらが自然でしょうか。前者であることに賛成してくださる方のほうが圧倒的に多いと思います。

これで「公共の福祉に反しない限り」がどの部分にかかっているのかは明白だと思いますが、もう少し説明を続けてみましょう。

仮に、「生命、自由及び幸福追求に対する国民の権利」に「公共の福祉に反しない限り」という制限が付けられたとすると、それは、11条と衝突することになってしまいます。「生命、自由及び幸福追求に対する国民の権利」は、11条で「侵すことのできない永久の権利」として特徴づけられている「基本的人権」の一部だからです。「侵すことのできない」権利が「公共の福祉に反する」場合には「侵されてしまう」ことなど、あってはならないのではないでしょうか。

それに対して、「公共の福祉に反しない限り」が、公権力による基本的人権の「最大尊重」にかかると考えると、それは、権利そのものについての制限ではなく、その権利を公権力がどのように扱うのかについての制限だという違いがあります。

そして一人一人の市民が基本的人権を行使するにあたって、それに関わるのは公権力だけではなく、個人もいれば組織や団体もあります。それらの関与が最終的には法律によって規制されるという点が重要であることは言うまでもありませんし、基本的人権の蹂躙は公権力によるものが最大の問題であることももちろんですので、結局、権利そのものの制限と、権利を公権力がどう扱うのかという違いは無視してもよいという主張にも一理はあります。

しかし、憲法という枠組みでこの両者の違いを考えてみると、完璧とは言えなくても公権力は憲法によってコントロールされるメカニズムがあるのに対して、公共の福祉という無定義概念をコントロールするメカニズムは、明示的には憲法内には担保されていないのです。しかしながら本書では第四章で示したように、「公共の福祉」の範囲を憲法の総体だと確定した結果として、「基本的人権」と「公共の福祉」が一体不可分の関係になり、この問題については別の視点からの答えがみつかりました。

❖13条の英訳

実は、「公共の福祉に反しない限り」のかかり方についての解釈の違いには、英文訳との関連のあることも分かりました。本書では①正文律で日本語によって解釈をしていますので、英文訳を参照する必要はありませんが、英文訳では、「公共の福祉に反しない限り」は「生命、自由及び幸福追求に対する国民の権利」を制限しているのです。つまり、日本語の正文とは違っているのです。この点について詳しく見ておきましょう。

そもそも、「英訳」との違いに気づいたのには理由《わけ》があります。それは、大変ありがたいことに、本書の草稿を読んでくれた友人たちから、本書を英語に訳して出版したらという提案をいただいたことに始まります。さらには急遽、英訳プロジェクトまで立ち上げてくれたのですが、その結果、日本国憲法を日本語と英語両方の言葉で読むことになりました。

当然これまでも英語版の憲法を読む機会はあったのですが、実はかなり意図的に憲法の「英語訳」には触れないようにしてきました。それは、次のような「押し付け憲法」論そして「自主憲法制定」の主張と関係があります。

日本国憲法は日本を占領していたアメリカ軍、特にマッカーサーの指示によって起草され、それが原本あるいは正本であって、それを日本語に訳してわずかの修正を加えたものが現行の憲法だという前提がまずあり、だから、自分たちの発意で「自主憲法」を制定しなくてはならない、という主張です。問題を複雑にしているのは、「自主憲法制定」を主張している人たちは、国民主権、平和主義や基本的人権といった、現行憲法の柱をすべて破棄するか弱めるといったもう一つの目的を持っていることです。

「数学書として憲法を読む」という立場に立つと、憲法制定の経緯によって憲法の価値を云々するのではなく、あるがままの姿の憲法を素直に論理的にしかも自己完結的に読むことになりますから、当然

「正本」は日本語版です。そして、経緯から言えば日本語版より先に存在していたのかもしれない英語版は、あくまでも、「正本」を翻訳した「英語訳」であるという位置づけになります。そして、日本語による憲法をできるだけ素直に読む上で、英語版の影響も排除したほうがいいだろうと考えて、私は用心のため必要に迫られない限り英語版を参照してこなかったのです。

❖13条を英語に訳すと

今回は、『数学書として憲法を読む』の英訳を作るという必要に迫られていますので、国会図書館のウェブサイトに掲載されている英語版を読みました。なかでも、13条がどう訳されているのかは主要な関心事の一つでした。13条は、憲法の礎石とも言える「公共の福祉」が基本的人権を制限している条文だからであり、それゆえに本書の中心テーマの一つである死刑制度に関わりがあるからです。実際に読み比べてみると、13条の日本語版と英語版との間には違いがありました。さらに、それが憲法解釈にまで影響を与えている可能性にも気づきました。以下その報告のため、まず、13条を再掲しておきます。

> 第13条　すべて国民は、個人として尊重される。生命、自由及び幸福追求に対する国民の権利については、公共の福祉に反しない限り、立法その他の国政の上で、最大の尊重を必要とする。

本書では、この条文を「本則」と「例外規定」とに分け、かつ最初の一文には「例外規定」が及ばないという構造から、次のように分解しました。

［絶対則13・0］すべて国民は個人として尊重される
［本則13・1］生命、自由及び幸福追求に対する国民の権利については、立法その他の国政の上で、最大の尊重を必要とする。
［例外規定13・2］ただし、公共の福祉に反する場合には、この（本則13・1の）限りではない。

さらに重要なのは、13条ならびに13条の具体化である憲法31条や33条との文法的共通点を根拠に、「本則」と「例外規定」それぞれの主語は同じであるという「主語一致の原則」に注目していることです。文法的な原則なのですが、言葉の解釈の基礎的な情報として重要です。

このような構造をもとに、第五章では、次に引用する最高裁判所による昭和二十三年判決の冒頭部分の記述が、最低限、言い過ぎではないかという問題提起をしました。その理由は、「例外規定」が「本則」に対する必要条件であるという事実から論理的に導かれる結果です。

憲法第13条においては、すべて国民は個人として尊重せられ、生命に対する国民の権利については、立法その他の国政の上で最大の尊重を必要とする旨を規定している。しかし、同時に同条においては、公共の福祉に反しない限りという厳格な枠をはめているから、もし公共の福祉という基本的原則に反する場合には、生命に対する国民の権利といえども立法上制限乃至剝奪されることを当然予想しているものといわねばならぬ。

この文章中、「公共の福祉に反しない限りという厳格な枠をはめている」とまで断定していいのでしょうか。たしかに、13条の読み方次第では、最高裁の読み方のように取れないこともありません。「主語一致の原則」を無視して、13条中の中ごろの「公共の福祉に反しない限り」が、その前の「生命、自由及び幸福追求に対する国民の権利」にかかると読めば、この結論に到達する可能性はあります。

しかし、「生命、自由及び幸福追求に対する国民の権利」の後には「については」というフレーズがありますので、このように直接の制限であるかどうかの判断は微妙なところです。

さらに、「主語一致の原則」をもとに13条を読むと、最高裁の読み方には無理があるとしか言えません。なぜなら、論理的に分解した13条の内容は、もし公権力が生命に対する権利を最大尊重した場合に、その行為が「公共の福祉」に反するという事態を引き起こすのであれば、「最大」限の尊重をしなくてもいい、と言い換えられるからです。

つまり、ここで「厳格な枠」がはめられているのは公権力の権力行使の仕方についてなのであって、基本的人権そのものではないからです。

しかし、法律の専門家である最高裁の判決は「断定的に」あるいは「確信をもって」そう読んでいます。となると、私の解釈が間違っているのかもしれませんし、その他に理由があるのかもしれません。

そしてその理由が、13条の英語版にあるのではないかという可能性があることに、ようやく気づいたのです。英語版を掲げます。

Article 13. All of the people shall be respected as individuals. Their right to life, liberty, and the pursuit of happiness shall, to the extent that it does not interfere with the public welfare, be the supreme consideration in legislation and in other governmental affairs.

冒頭の一文は省略して、「Their right」からの文章を、意味を明確にしながら直訳すると次のようになります。

彼ら（注：国民のこと）の生命、自由、幸福の追求という権利は、それらの権利が公共の福祉に反しない限り、立法その他の国政上の最優先課題である。

英文でははっきり、権利そのものが制限されているのです。そして、英文の憲法が正文であり、日本語はその翻訳であるという立場で日本国憲法を読めば、正文で明示的に制限されている生命権について「厳格な枠」がはめられていると考えることは確かに理に適っているのです。終戦直後の社会で、しかもまだ占領が続くなか、英文の憲法を「正文」だと読んでしまう気持ちが理解できないわけではありませんが、しかし、そうであっても、憲法全体の整合性にも配慮すべきではなかったかと思います。たとえば、このような形で基本的人権そのものに制限が加えられていると理解することは、11条が無条件に保障している権利と正面衝突してしまうからです。

第11条　国民は、すべての基本的人権の享有を妨げられない。この憲法が国民に保障する基本的人権は、侵すことのできない永久の権利として、現在及び将来の国民に与へられる。

この点について、もともとの占領軍版を起草した人たちの認識がどうだったのか専門家に聞いてみたいのですが、このような矛盾は法律の世界では容認される範囲に入るものなのかもしれませんし、あるいは法律の世界ではこのような矛盾を解消するためのメカニズムが存在しているのかもしれません。

ちなみに、英語版が原本だったとして、それの日本語訳が現行憲法だとした場合、13条の日本語訳は、「誤訳」とまでは言えません。そして、英語の原本には関係なくこの日本語訳だけを読むと、元の英語版13条とは違う意味を持っていた、という状態なのです。つまり、13条については、「日本語が原本⇓英語が訳」と考えると英語訳は間違いで、「英語が原本⇓日本語が訳」と考えると間違いとまでは言えない、という非対称的な訳が付いているということなのです。

念のために、日本語の憲法13条を、国会図書館版の英文を援用しながら英訳しておきましょう（秋葉訳）。

Their right to life, liberty, and the pursuit of happiness shall be the supreme consideration in legislation and other governmental affairs, to the extent that such consideration does not interfere with the public welfare.

これを再度日本語に訳しておきましょう。

彼ら（注：国民のこと）の生命、自由、幸福の追求という権利は、それらの権利を立法その他の国政上で最大の尊重をすることが公共の福祉に反しない限り、立法その他の国政上で最大の尊重を要する。

私にとっては、最高裁の昭和二十三年判決が英語版の影響を受けていたことを確認できたことで、ある意味で「押し付け憲法」論の重みをもろに感じることになりました。それは、時代環境が人間の理性や思考まで支配することの一つの実例だと言っていいかもしれません。同時にこのことから、成立過程において、現行憲法が占領軍の意向を大きく受けていたことは否めないにしろ、現行憲法の「正文」は日本語であるという当たり前の大前提から始めて、日本語としての憲法の意味をしっかりと把握する努力が必要なことも明確に示してくれているのです。

付論4 朝見の儀と憲法

❖朝見の儀

平成が終わり、令和になった二〇一九年五月一日、「即位後朝見の儀」（以下、「朝見の儀」と略します）が行われました。「即位された天皇陛下が、ご即位後初めて公式に三権の長を始め国民を代表する人々と会われる儀式」なのですが、憲法と深く関係しています。本論では、三〇年前の一九八九年（平成元年）に行われた先の天皇（現上皇）即位直後の朝見の儀と今回（令和元年）の朝見の儀を比べることで、この点を確認し、さらに現内閣が憲法を蔑《ないがし》ろにしている事実を明らかにします。

朝見の儀は「国事行為」であると内閣が認めています。となると、憲法3条と4条に従わなくてはなりません。つまり、ここでの天皇の「おことば」については、内閣が「助言」と「承認」を行い、それについての全責任は内閣が負うことになっているのです。したがって、以下の「批判」は、内閣に対するものであって、天皇に対するものではありません。
まずは、現上皇が、平成になってすぐ、一九八九年一月九日の朝見の儀で、新天皇として述べられた「おことば」を掲げます。これがお手本です。

皆さんとともに日本国憲法を守り、これに従って責務を果たすことを誓い、国運の一層の進展と世界の平和、人類福祉の増進を切に希望してやみません。

ここで大切な点は三つあります。一つは、「日本国憲法を守り」と憲法遵守を明確に誓っている点です。そして、二つ目は、「日本国憲法を守る」のは、「皆さんとともに」だということもハッキリ述べている点です。三つ目は、自ら「これに従って責務を果たすことを誓い」と、憲法遵守の決意を示す「宣誓」の言葉になっていることです。この三つが重要なのは、憲法99条を一読することで明らかです。99条を再掲します。

第99条　天皇又は摂政及び国務大臣、国会議員、裁判官その他の公務員は、この憲法を尊重し擁護する義務を負ふ。

第99条で憲法遵守義務を負わされているのは、天皇と摂政というグループ（天皇と略します）そして、総理大臣以下の国務大臣等の公務員（これを公務員と略します）という二つのグループです。そして、朝見の儀とは、新たに即位した天皇、つまり第一グループの構成員が、初めて第二グループの構成員と顔を合わせる場です。そして憲法上、この二つのグループが一つの条項でともに義務を与えられているのはこの条文だけなのです。

となると、現上皇による一九八九年の「おことば」は、憲法を遵守するという誓いを、国民を代表する公務員たちとともに行っていることになります。それは、99条の重みを考えると、憲法上最も重要な行為だと言っても過言ではないのです。

❖令和の朝見の儀は憲法軽視のオンパレード

対して、今回の朝見の儀での「おことば」はどうだったのでしょうか。まずは新天皇の「おことば」の中で憲法に関わりのある部分を掲げます。

> 憲法にのっとり、日本国及び日本国民統合の象徴としての責務を果たすことを誓い、国民の幸せと国の一層の発展、そして世界の平和を切に希望します。

ここで、「憲法にのっとり」がどこにかかっているのかが重要ですが、それは、そのすぐ後の「日本国及び日本国民統合の象徴としての責務を果たすことを誓い」の部分だけだと考えるのが自然です。その次にまでかかっていると解釈すると、「憲法にのっとり、世界の平和を切に希望します」となってしまって、そのような表現が絶対ないとは言えませんが大変、不自然だからです。

つまり、今回の「おことば」では、憲法に関して、「日本国及び日本国民統合の象徴としての責務を果たす」ということにしか言及していません。つまり第1条への言及です。間接的には99条を守ることも含まれていると解釈できないわけではありませんが、平成のときのように、「日本国憲法を守り」と言い切っていないのはなぜかという疑問が生じます。

さらに、せっかく三権の長も含めて、「公務員」の中でもリーダー的な役割の人たちが集まった場でですので、一方的に天皇が憲法について発言するだけではなく、「皆さんとともに」憲法を守ると宣言した上で、未来を考え世界に思いを馳せる場にすることが最もふさわしかったはずです。

念のために強調しておきますが、ここでは、現天皇批判をしているのではありません。批判の対象は、前にも述べたように内閣なのです。

内閣の責任という点から、一九八九年の朝見の儀における竹下総理大臣による奉答文（国会外の演説・文書　総理大臣 http://worldjpn.grips.ac.jp/documents/texts/exdpm/19890107.S3J.html　二〇一九年五月十九日閲覧）と、二〇一九年五月一日の安倍総理大臣による「国民代表の辞」（首相官邸ホームページ https://www.kantei.go.jp/jp/98_abe/statement/2019/0501kokumindaihyounoji.html　二〇一九年五月十九日閲覧）それぞれの中の、憲法に関連のある部分を比べてみましょう。

竹下総理大臣――国民一同、日本国憲法の下、天皇陛下を国民統合の象徴と仰ぎ、世界に開かれ、活力に満ち、文化豊かな日本を建設し、世界の平和と人類福祉の増進のため、更に最善の努力を尽くすことをお誓い申し上げます。

安倍総理大臣――英邁なる天皇陛下から、上皇陛下のこれまでの歩みに深く思いを致し、日本国憲法にのっとり、日本国及び日本国民統合の象徴としての責務を果たされるとともに、国民の幸せと国の一層の発展、世界の平和を切に希望するとのおことばを賜りました。

竹下奉答文では、「日本国憲法の下」に公務員も含めた「国民」が一つになって「お誓い申し上げます」と読む、つまり宣誓の言葉として読むことが可能です。奉答文は、公務員の憲法遵守も視野に入れての言葉になっているのです。

安倍総理大臣の辞では、憲法のくだりは天皇の決意を復唱しただけで、その他の部分を注意深くチェックしても憲法には言及していません。つまり、憲法99条の憲法遵守義務について、「公務員」の立場から天皇とともにその義務を果たすという決意も誓いも述べられていないどころか、言及さえしていないのです。

国事行為の中身を決定する内閣が、その意思を朝見の儀にどう表現したのかはもうご理解いただけたと思います。安倍内閣は平成の竹下内閣より、憲法遵守という点でははるかに後退しているのです。

❖内閣は「国事行為」にどう関わったのか

さらに、この違いが意図的であるとしか考えられないことも問題です。いくつかの事実をもとに検証しておきます。

①通常、いわゆる公的な行事において、「トップ」と位置づけられている人の読む「挨拶」の原稿は、担当のお役所が起草します。その際、何より前例を重んずるのが官僚です。前回の「挨拶」とまったく同じ文言を平気で読ませることなど、朝飯前です。たとえば、八月六日、広島市の平和記念式典、そして八月九日の長崎市平和記念式典における総理大臣挨拶は、広島と長崎でほぼ同じ、そして毎年、前年とほとんど同じ内容・言葉です。この点については、「タウンNEWS広島平和大通り」さんがブログで鋭く指摘していますので、それをお読みください（http://hiroshima.moe-nifty.com/blog/2014/08/post-c33f.html)。

にもかかわらず、竹下内閣と安倍内閣との間には憲法に対する姿勢に違いが生じたのですから、これは官僚の意図によるものではないと考えたほうがいいようです。もっとも、官僚が総理大臣の意図を付度したのなら話は別ですし、総理大臣が自らの意志で発言すること、あるいは行事の内容について指示をすることはありえます。ここで主張しているのは、まさにこのことです。

②現天皇が、憲法99条の意味を理解していることを示す言葉はたくさんありますが、第8章で取り上げた、二〇一四年、誕生日を迎えるに当たっての記者会見での発言を取り上げておきましょう。それは、「今後とも、憲法を遵守する立場に立って、必要な助言を得ながら、事に当たっていくことが大切だと考えております」です。「必要な助言を得ながら」は、第3条を頭に置いて、国事行為について内閣の助言と承認が必要なことから出てくる言葉です。しかし、その前に、「憲法を遵守する立場に立って」があるのは、99条を念頭に置いて、天皇にも憲法遵守義務が課せられていることを踏まえての言葉です。

つまり、現天皇が自ら「おことば」の内容を決めたのであれば、当然、これと同一線上の言葉になるでしょうし、現上皇が天皇として即位したときと同じ内容を踏襲することには問題がなかったはずなのです。したがって、何度も繰り返しますが、責任は内閣にあるという結論になるのです。

③毎日新聞の伊藤智永論説委員は、著書『「平成の天皇」論』（講談社現代新書、二〇一九年）で、内閣が現上皇の天皇時代の「おことば」に介入していた事実を具体的に記述しています。二〇一六年八月八日の「象徴としてのお務めについての天皇陛下のおことば」に安倍首相周辺が介入して、一部を削除するという結果になったのだそうです。その一部を引用しますが、ここで、「衛藤氏」とは、同書で「首相の指示で衛藤晟一首相補佐官が文言の点検を担当した」と説明されている、衛藤晟一首相補佐官です。

関係者によると、原案には欧州の王室における生前退位の近況を引用した部分が二ヵ所あった。王室は国民に語り掛ける機会が多く、先代が亡くなった後、喪に服す期間が日本ほど長くないことが書かれていたという。衛藤氏はこれを「神話から生まれた万世一系の天皇が、権力闘争の末に登場した欧州の王室の例に倣う必要はない」という理由で削除し、宮内庁も受け入れた。

三〇年もの間、政治的圧力に抵抗したり妥協したりするという経験をお持ちの当時の天皇（現上皇）でさえ、「首相の指示」に基づいた圧力に負けているのですから、天皇に即位したばかりの新天皇に圧力をかけることくらい、何でもなかったのではないかと考えられます。

❖99条の復権へ

以上、安倍内閣は朝見の儀を憲法抜きの儀式にしてしまいました。この点を浮き彫りにするために、第10章で取り上げた「宣誓」という視点から朝見の儀を見直しておきましょう。総理大臣に就任しても、わが国では総理大臣が国民に向かって「憲法を遵守します」という趣旨の「宣誓」を行っていません。

しかし、かつて平成の時代を迎えて、その最初の重要な儀式である「朝見の儀」では、新天皇が「皆さんとともに日本国憲法を守り、これに従って責務を果たすことを誓い」と宣誓をしています。その場にいる総理大臣たちに投げかける意味もありますので、それに総理大臣がどう答えるのかによって、事実上、総理大臣も「宣誓」をしたことになる言葉でもあります。その総理大臣は、天皇の言葉には異議を挟まず、「日本国憲法の下（中略）更に最善の努力を尽くすことをお誓い申し上げます」と述べたのですから、天皇の「皆さんとともに」を承認したと考えてよいでしょう。つまり、憲法を遵守する旨の「宣誓」をしたと考えられるのです。

対して、令和に入っての「朝見の儀」では、天皇の「おことば」の中の「宣誓」は天皇としての自らの立場に限られた内容で、その場にいる公務員とともにという呼びかけにはなっていません。さらに総理大臣の挨拶の中では、憲法には一切触れていませんので、総理大臣による「宣誓」、あるいはそれに類する言葉は一切なかったのです。

「宣誓」という視点から測っても、安倍内閣の憲法遵守の姿勢が大きく後退してしまったことを「朝見の儀」は示しているのです。

安倍政権が憲法を軽んじている事実は、認めざるをえません。今後もその傾向は続くはずです。新天皇が99条通りに、憲法を最優先しようとしていることは、皇太子時代の言葉から読み取れるのですが、その天皇を、憲法を蔑ろにする内閣から守れるのは、最終的には私たち主権者です。そのために何ができるのか、より具体的なレベルで皆さんと一緒に考えられればと思います。99条の復権は当然ですが、あらためて憲法をあるがままに読み、その枠組みの中で過去・現在・未来、そして世界を展望しながら、鍬を取り網を投げてゆく決意が必要です。

あとがき

本書を何とか世に出すことができて、三十年来の懸案、そしてそれを具体化すべく執筆を始めた数年前からの努力に、これで一区切りが付きました。そして、憲法を「数学書として読む」ことで手にしたいくつかの発見を世に問うことができ、まさに我が子を社会に送り出したような思いで一杯です。

これまでの道のりを振り返ってみると、かなりの曲折を経て、随分広い範囲の畑を耕してきたような感さえあります。それが楽しい作業であったこと、さらには私にとって誇りに思える収穫があったことは、望外の喜びでした。

なかでも、憲法改正の対象にはならない条文が確定できたこと、憲法は死刑を禁止していること、「義務」をそのまま義務と読むことで、「勤労」=「生命」という解釈が可能なこと、さらには1条と99条とをあわせて考えることで、天皇の新たなアイデンティティーが浮び上がってきたことなど、専門家や読者の皆さんからどう見えるのかが心配ですが、私にとっては憲法の豊かさにあらためて触れる機会になりました。これらの話題が憲法についての建設的な議論につながることを祈っています。

本文中にも書いておきましたが、それでもまだまだ多くの課題が残っています。

その一つが天皇制の抱える矛盾です。本書では十分検証することはできませんでしたが、天皇の日本国民としての権利回復を、どのような枠組みで、どう考えればいいのかという点も重要です。第八章で見たように、天皇は日本国民なのですが、となると、国民が享受できる権利の行使についてもっと真剣に私たちが考えなくてはならないという課題が生じます。同時に、天皇の職務は、憲法の6条と7条で定められているものだけではなく、第八章と第九章で論じたように、憲法99条の憲法遵守義務を果たすための仕事があり、さらには「国民の総意」に近づくための不断の努力も加わって、かなりの重労働であるような気もしています。それとは別次元の現実として、天皇が一般国民とは隔絶した恩典を受けていることも視野に入れなくてはなりません。この矛盾をどう捉え、憲法内でどう解釈していくのかについては、時間をかけて多くの皆さんの意見を聞きながら熟考しなくてはならないテーマです。

三権が憲法違反を犯したとしても、天皇には憲法遵守の義務があるのですが、にもかかわらず、憲法内には天皇が実際に行動できるような根拠が示されていません。三権が違反を犯しているいないにかかわらず、憲法そのものの真実を国民に発するという役割だけでは、「遵守義務」とうたうのは不十分ではないかとも考えられます。現行憲法の規定からは、それはそれで理解できることなのですが、天皇の権利回復という視点から解決策が浮んでくるかもしれません。

最後に提案した、総理大臣による「宣誓」は、憲法99条の遵守義務を文字通り「義務」と捉え、それに実体を与えていくための一つの提案ですが、危機的状態にある日本政治救済のためには、仮に実現したとしてもすぐに役立つメカニズムではないかもしれません。より強力なアイデアが紡ぎ出されることを期待していますし、憲法を実社会に生かすためには、まだまだ具体的な改善策が必要です。

その一つですが、憲法違反を犯して登場してしまった小選挙区制をどうすれば、よりよい選挙制度に変えられるのかが、憲法を生かす上で最重要課題だと言ってもいいでしょう。それだけではありません。何の力もないばかりではなく、「国民審査をしました」という口実にしか使われていない最高裁判所の裁判官の国民審査制度の改革等々、「憲法」の力を生かすためにはまだまだ多くの法整備が必要ですし、そのための政治的意思を形成しなくてはなりません。「数学書として読む」ことでさらなる展望が開けるかもしれませんが、より幅広い議論の展開が必要な事柄でしょう。

さらに、現行憲法は、都市型の憲法です。国家と都市とのおそらく最大の違いは、軍隊を持つか否かにあるとも言われます。9条を掲げる日本国憲法は、世界が国家の時代から都市の時代に進化した際に、モデルとしての役割を果たせるものです。その視点からあらためて日本国憲法を吟味すると、まだまだ「国家」に捉われている側面が多く残っています。

国家の時代から都市の時代へのパラダイムの転換を加速化するためにも、国家ではなく都市が世界の基本的構成単位になった時代の姿を理解するためにも、現行憲法をもとに、未来の時代をリードするモデル憲法を示しておくことは一つの可能性として検討に値します。

最後になりましたが、一九四九年にジョン・ハーシーの名著『ヒロシマ』の和訳出版でスタートを切った伝統ある法政大学出版局が本書を刊行してくださることに、大いなる名誉を感じています。特に、本書の意義を深く理解してくださり、本書の完成度を高め、社会的な認知を得られるよう、多大なご尽力をいただいた郷間雅俊編集部長に心からお礼を申し上げます。著者冥利に尽きます。さらに、本書の執筆にあたって、もともとの連載を掲載してくださった数学教育協議会の皆さん、『数学教室』の読者の皆さん、数年前から粗稿の段階にもかかわらず目を通し激励し背中を押してくださった多くの友人の皆さん、また本書の出発点となった疑問を投げかけてくれたタフツ大学名誉教授デービッド・アイルズ氏、そして最後に、拙稿を最初に読み激励と客観的なコメントとして返してくれた妻しずかにも、心から感謝しています。

二〇一九年六月二十三日　沖縄慰霊の日に

広島にて

秋葉 忠利

数学書として憲法を読む
前広島市長の憲法・天皇論

2019年 7月18日 初版第1刷発行
2022年 5月20日 第3刷発行

著者 秋葉忠利
発行所 一般財団法人 法政大学出版局
〒102-0071 東京都千代田区富士見 2-17-1
電話 03 (5214) 5540 振替 00160-6-95814
組版：HUP 印刷・製本：日経印刷

ISBN978-4-588-62210-6

◉著 者

秋葉忠利（あきば・ただとし）

1942年，東京生まれ。高校時代AFSによってアメリカに留学。東大理学部数学科・同大学院修士課程卒業。マサチューセッツ工科大学（MIT）でPh.D.を取得後，ニューヨーク州立大学，タフツ大学等で教鞭をとる。世界のジャーナリストを広島・長崎に招待し，被爆の実相を伝えてもらう「アキバ・プロジェクト（ヒバクシャ・トラベル・グラント・プログラム）」の運営に携わり，その後，広島修道大学教授に。1990年から衆議院議員を10年近く務めた後，1999年に広島市長就任。3期12年在職。その後2014年まで広島大学特任教授，AFS日本協会理事長。市長在職中，平和市長会議会長を務め，当初は参加都市数が440ほどであった組織を，約5,000の都市が加盟・賛同する組織に育てる。市政では財政再建，情報公開，市民サービス，都市環境などに力を入れ，暴走族追放条例，新球場建設，オリンピック招致にも取り組んだ。マグサイサイ賞等，多くの賞を受賞。著書に『真珠と桜――「ヒロシマ」から見たアメリカの心』（朝日新聞社），『“顔”を持ったコンピュータ』（コンピュータ・エージ社），『夜明けを待つ政治の季節に』（三省堂），『元気です，広島』（海鳴社），『ヒロシマ市長』（朝日新聞出版），『新版　報復ではなく和解を』（岩波書店）ほか。現在，広島県原水禁代表委員。